# 쉽게 익히는 코드 이론 레시피

Easy

1

세광음악출판사

# 머리말

처음으로 피아노 코드와 반주 리듬을 배우고 연주하던 순간을 기억합니다.
노래의 멜로디와 대화하듯 조화롭게 합주하는 행복한 기억이지요.

'코드 이론 레시피 Easy'는 'Very Easy'에서 배운 메이저(major),
마이너(minor) 코드와 반주 리듬은 물론, 더 다양한 3화음 코드를
자연스럽게 익히고 활용할 수 있는 특별한 교재입니다.

각기 다른 색채의 3화음 코드를 쉽고 재미있게 익히고,
실제 실용 반주에서 활용되는 다양한 리듬 패턴까지 학습할 수 있습니다.
또한, 코드를 그저 단순 반복 암기하지 않고,
실제 연주곡의 멜로디에 코드와 리듬을 직접 그리고
피아노로 연주하며 이해하게 됩니다.

다양한 클래식 작품은 물론, 가요와 팝을 비롯한
실용 작품들을 연주하기 위한 코드 학습이 필수가 된 음악교육.
피아노 반주법의 기본이 되는 3화음 코드를
탄탄하게 다져나갈 수 있는 실용적인 이론교재.

'코드 이론 레시피 Easy'를 통해
음악이론의 새로운 지평이 열리길 기대합니다.
감사합니다.

최동규

# 차례

# 음계

음계는 일정한 간격으로 놓여 있는 것입니다.
아래의 악보를 함께 살펴봅시다.

다장조 음계

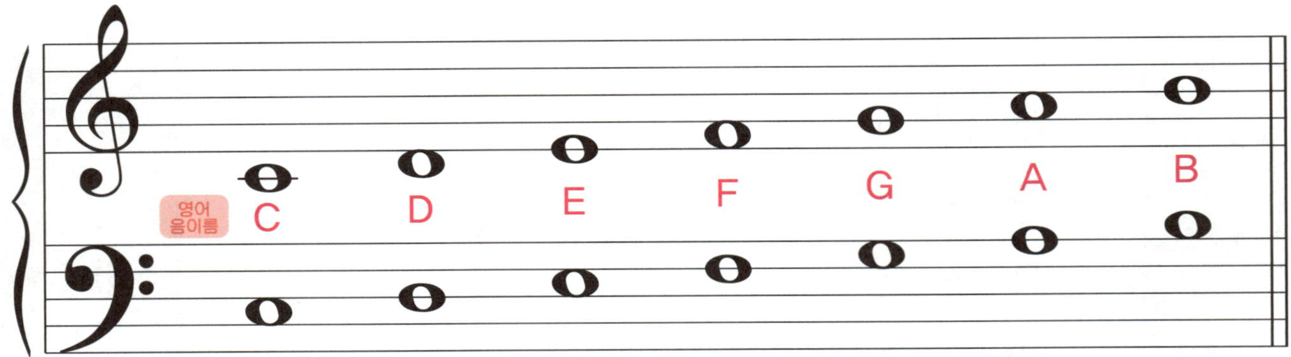


사장조 음계

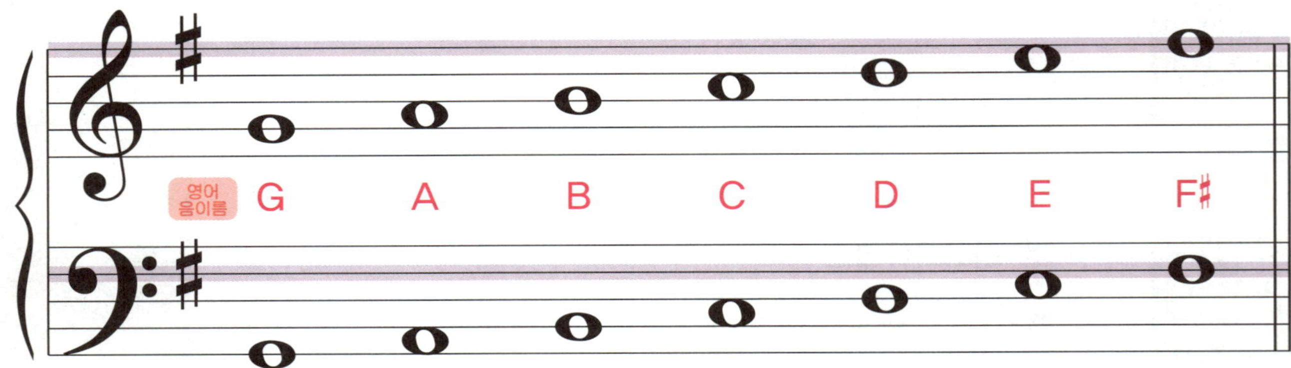


바장조 음계

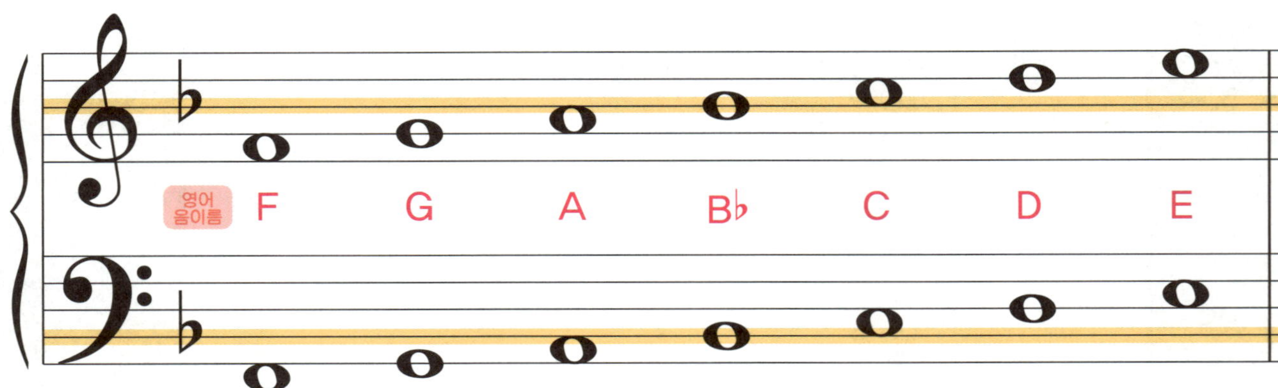


 쉽게 익히는

C   Dm   Em   F   G   Am
C/E   Dm/F   Em/G   F/A   G/B   Am/C
C/G   Dm/A   Em/B   F/C   G/D   Am/E
C   Dm   Em   F   G   Am
C/E   Dm/F   Em/G   F/A   G/B   Am/C
C/G   Dm/A   Em/B   F/C   G/D   Am/E

# 사장조의 메이저, 마이너 코드

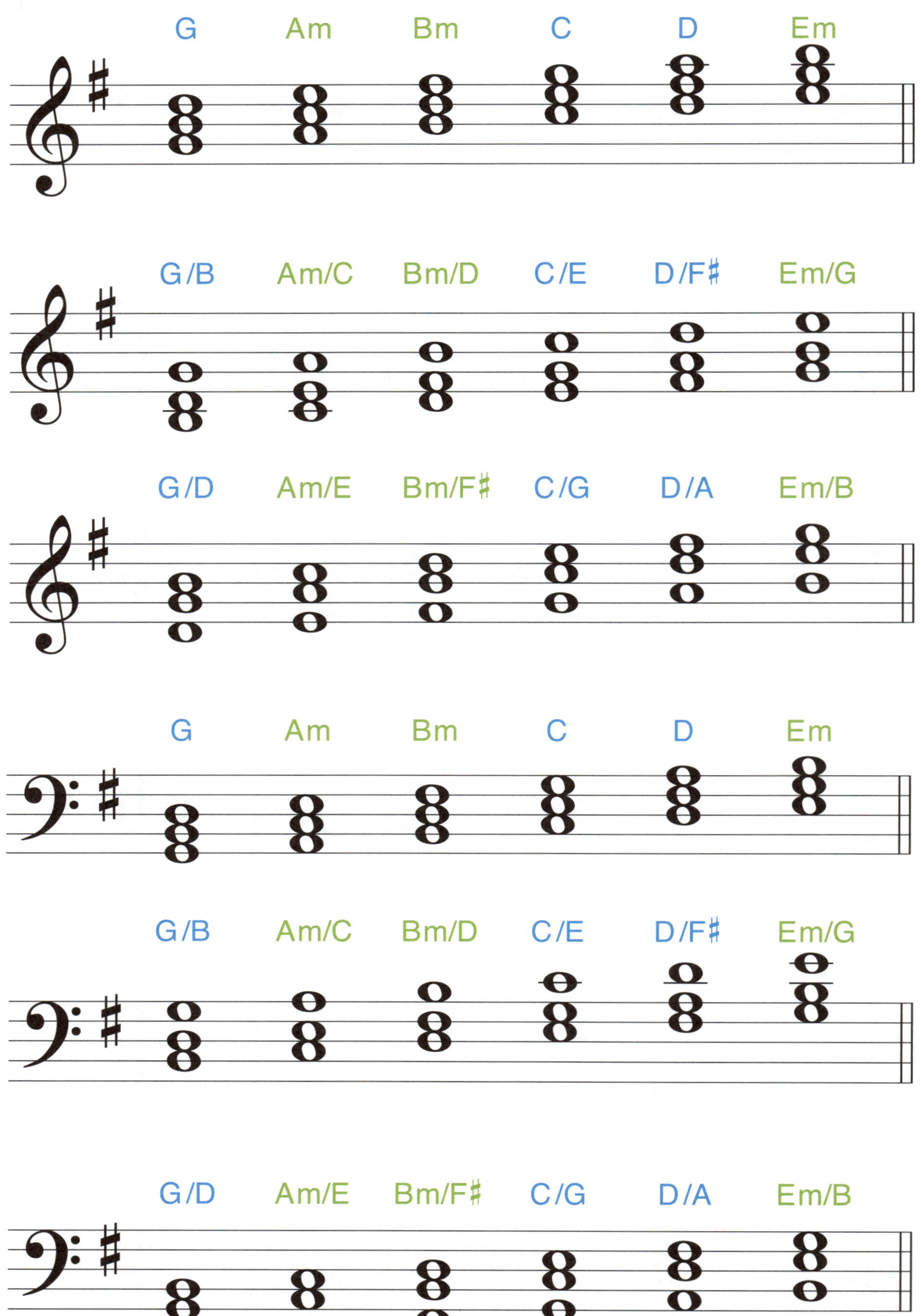

# 바장조의 메이저, 마이너 코드

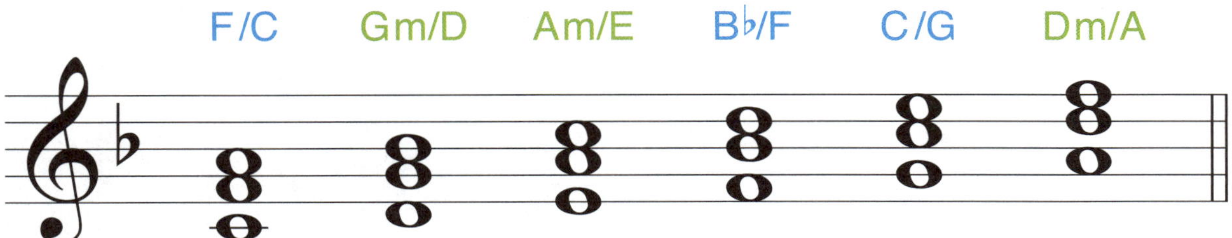

# 음표

| 음표 | 이름 | 박 | 리듬치기 | 색칠하기 |
|---|---|---|---|---|
| o | 온음표 | 4박 | | |
| ♩. | 점2분음표 | 3박 | | |
| ♩ | 2분음표 | 2박 | | |
| ♩ | 4분음표 | 1박 | | |
| ♪ | 8분음표 | 반박 | | |
| ♩. | 점4분음표 | 1박 반 | | |

# 쉼표

| 쉼표 | 이름 | 박 | 리듬치기 | 색칠하기 |
|---|---|---|---|---|
| | 온쉼표 | 4박 쉼 | | |
| | 점2분쉼표 | 3박 쉼 | | |
| | 2분쉼표 | 2박 쉼 | | |
| | 4분쉼표 | 1박 쉼 | | |
| | 8분쉼표 | 반박 쉼 | | |
| | 점4분쉼표 | 1박 반 쉼 | | |

# 반주 리듬 정리

### 1) 한 음 반주, 모음화음 반주

기초적인 반주 리듬으로는 한 음 반주와 모음화음 반주가 있습니다.
악보를 함께 살펴볼까요?

4분의 3박자 한 음 반주

4분의 3박자 모음화음 반주

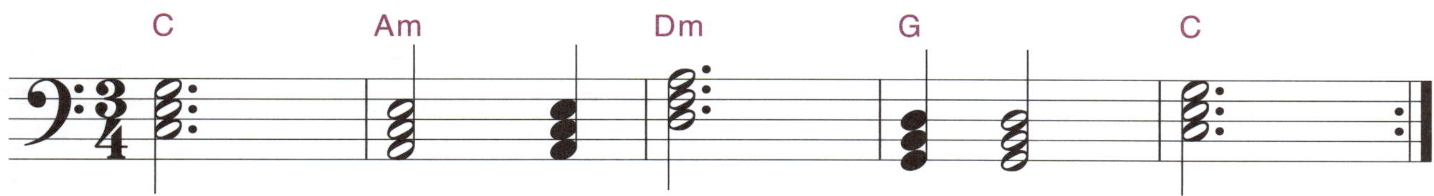


4분의 4박자 한 음 반주

4분의 4박자 모음화음 반주

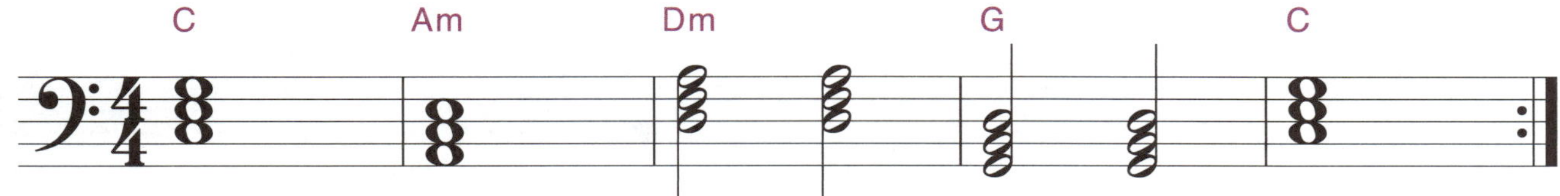

4분의 4박자 4비트 모음화음 반주

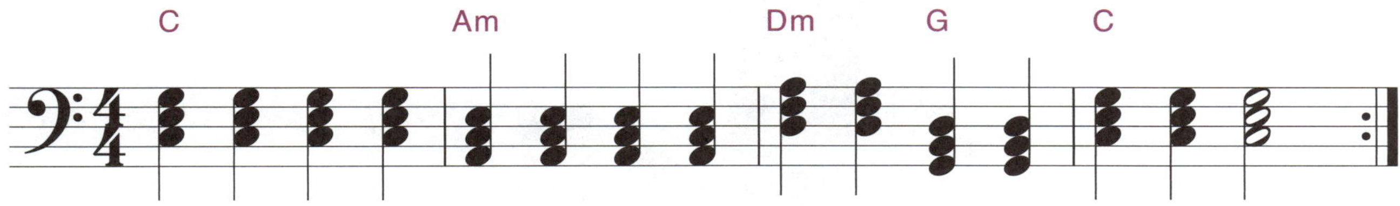

## 2) 4분음표 반주 리듬

다음은 4분음표를 중심으로 박을 세는 여러 가지 반주 리듬입니다.
각 반주 리듬의 코드는 같지만 한 음씩 펼치거나 두 음을 동시에 누르면서 다양하게 응용할 수 있습니다.
곡의 느낌에 어울리는 반주를 잘 선택할 수 있도록 아래의 반주 리듬을 함께 살펴보겠습니다.

### 4분의 3박자 4분음표 반주 리듬

펼침화음
반주

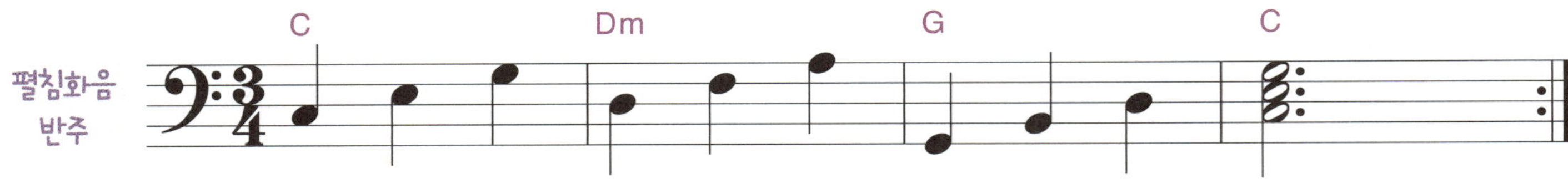

왈츠
(밀집화음)
반주

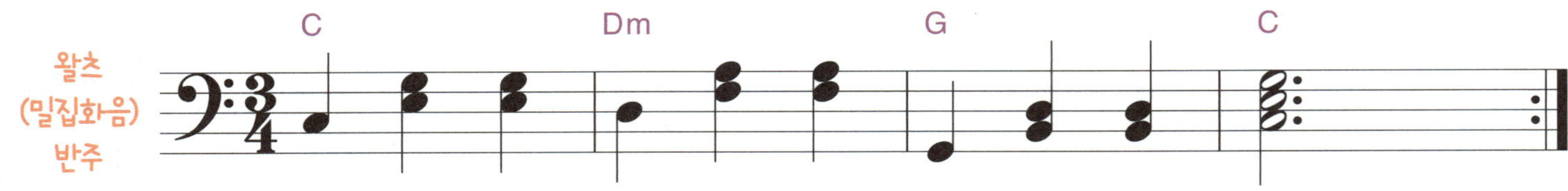

왈츠
응용 반주

펼침화음
응용 반주

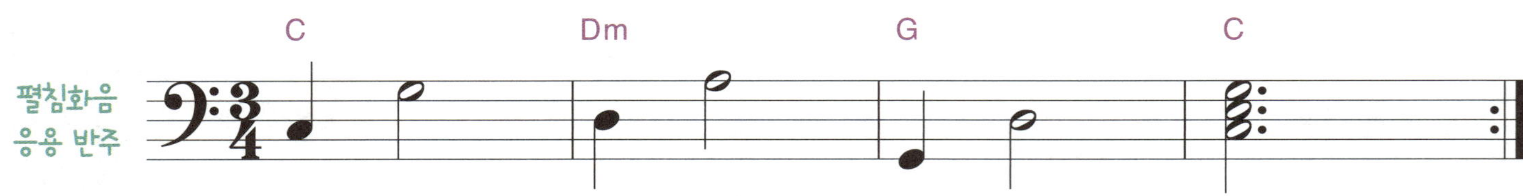

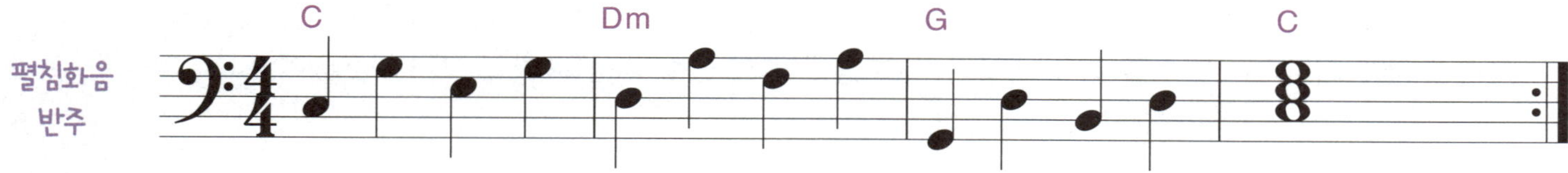
펼침화음
반주
C
Dm
G
C

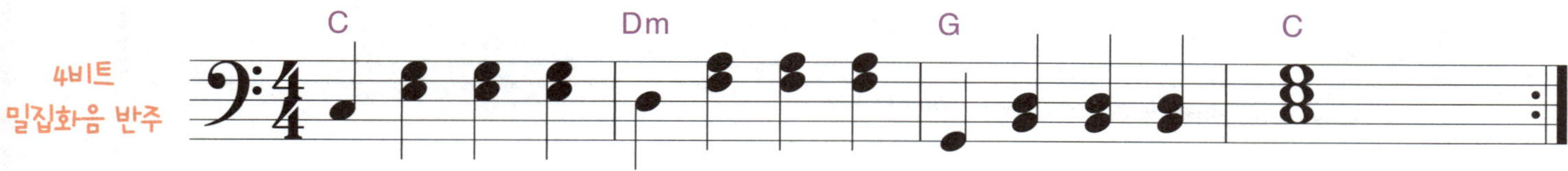
4비트
밀집화음 반주
C
Dm
G
C

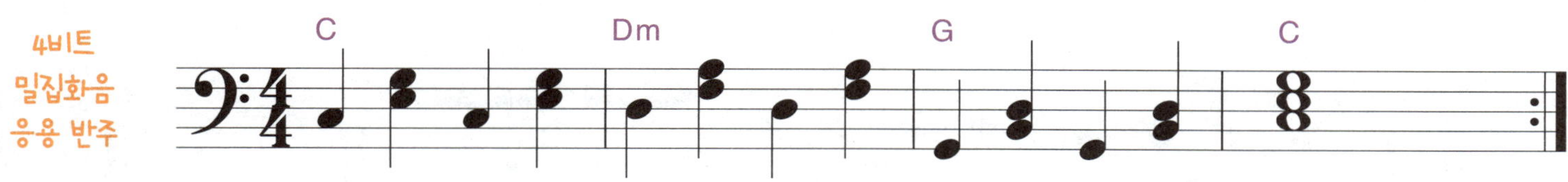
4비트
밀집화음
응용 반주
C
Dm
G
C

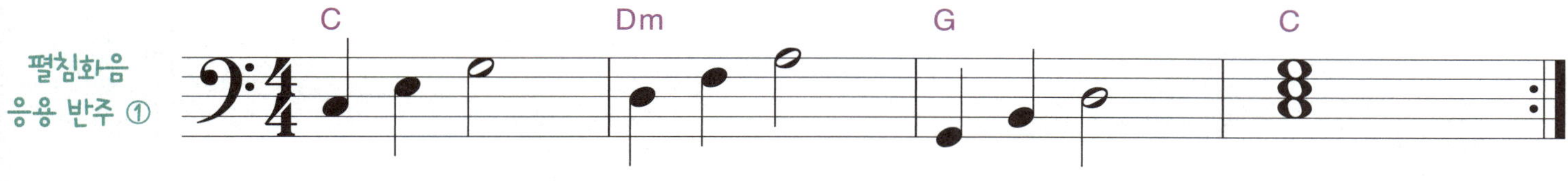
펼침화음
응용 반주 ①
C
Dm
G
C

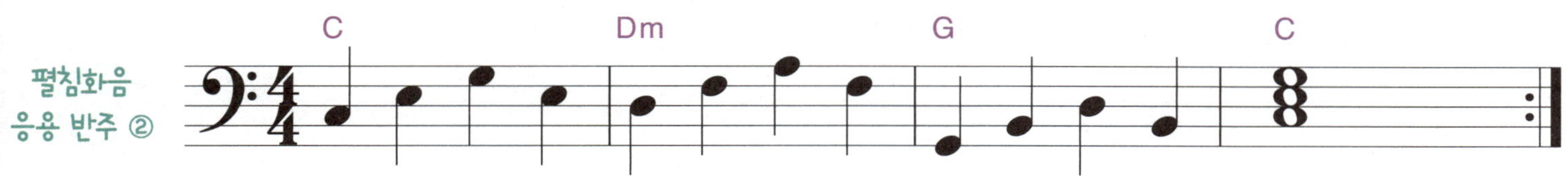
펼침화음
응용 반주 ②
C
Dm
G
C

### 3) 8분음표 반주 리듬

다음은 8분음표를 중심으로 박을 세는 여러 가지 반주 리듬입니다.
각 반주 리듬의 코드는 같지만 한 음씩 펼치거나 두 음을 동시에 누르면서 다양하게 응용할 수 있습니다.
곡의 느낌에 어울리는 반주를 잘 선택할 수 있도록 아래의 반주 리듬을 함께 살펴 보겠습니다.

🐰 4분의 2박자 8분음표 펼침화음 반주

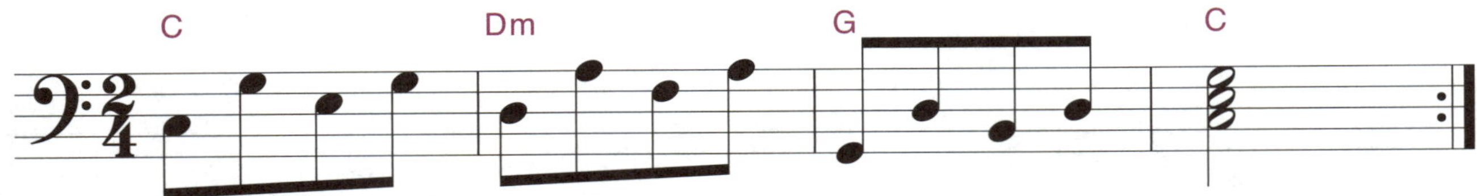

🐭 4분의 4박자 8분음표 펼침화음 반주

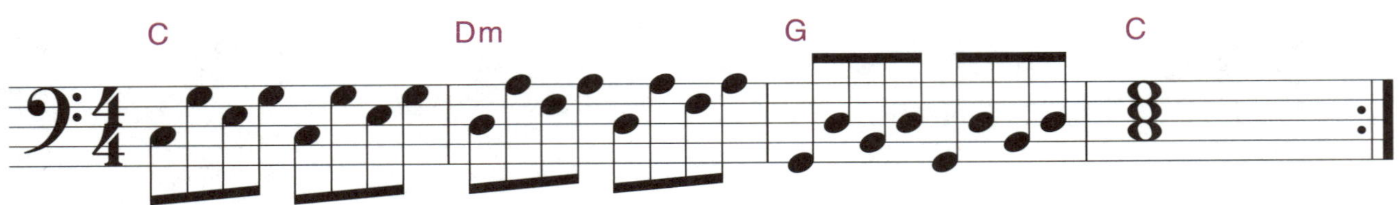

🐥 4분의 3박자 8분음표 펼침화음 반주

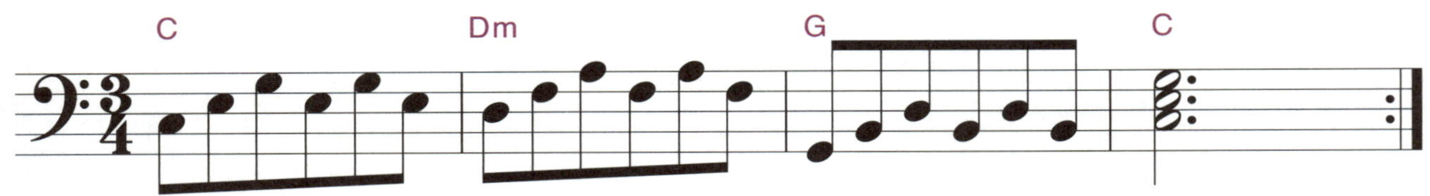

🐹 4분의 4박자 8분음표 펼침화음 응용 반주 ①

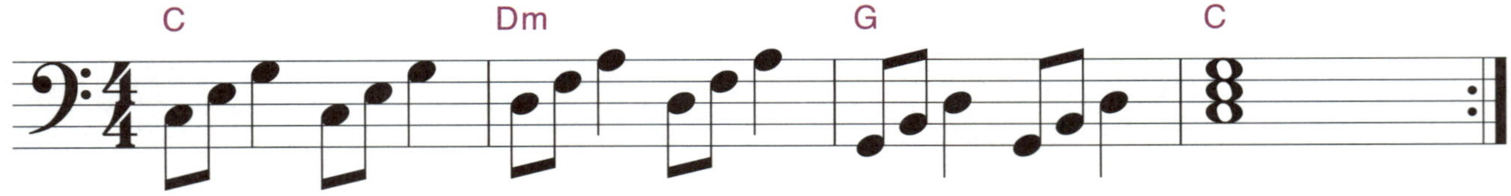

4분의 4박자 8분음표 펼침화음 응용 반주 ②
C    Dm    G    C

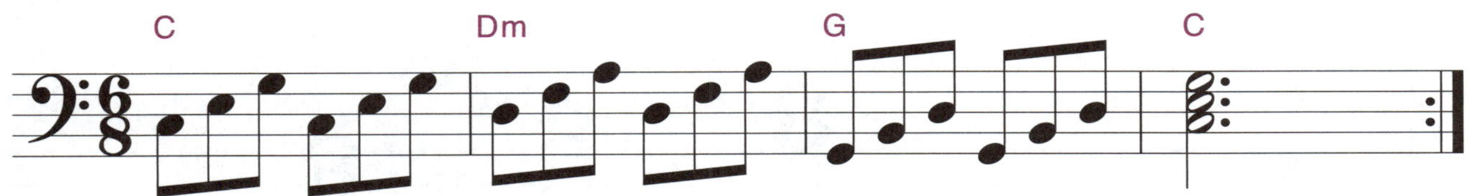
8분의 6박자 펼침화음 반주
C    Dm    G    C

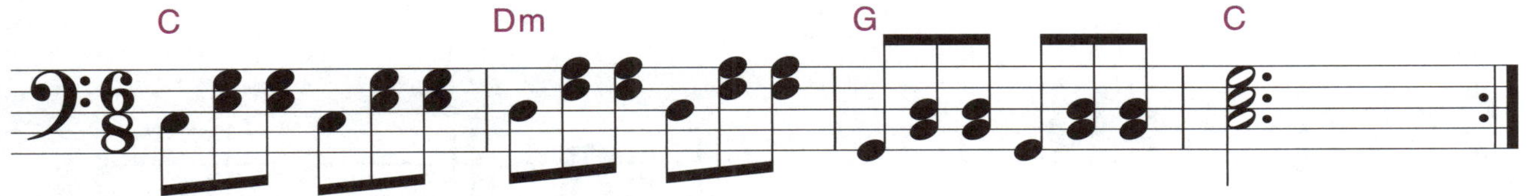
8분의 6박자 밀집화음 반주
C    Dm    G    C

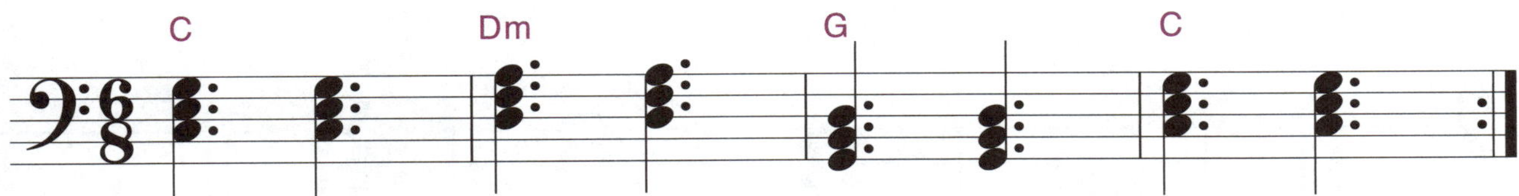
8분의 6박자 모음화음 반주
C    Dm    G    C

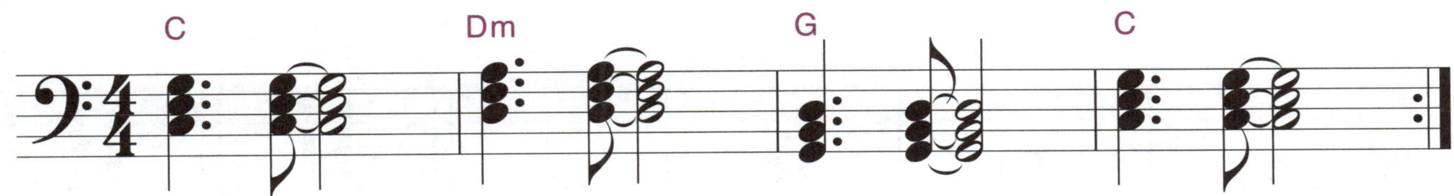
당김음 리듬 반주
C    Dm    G    C

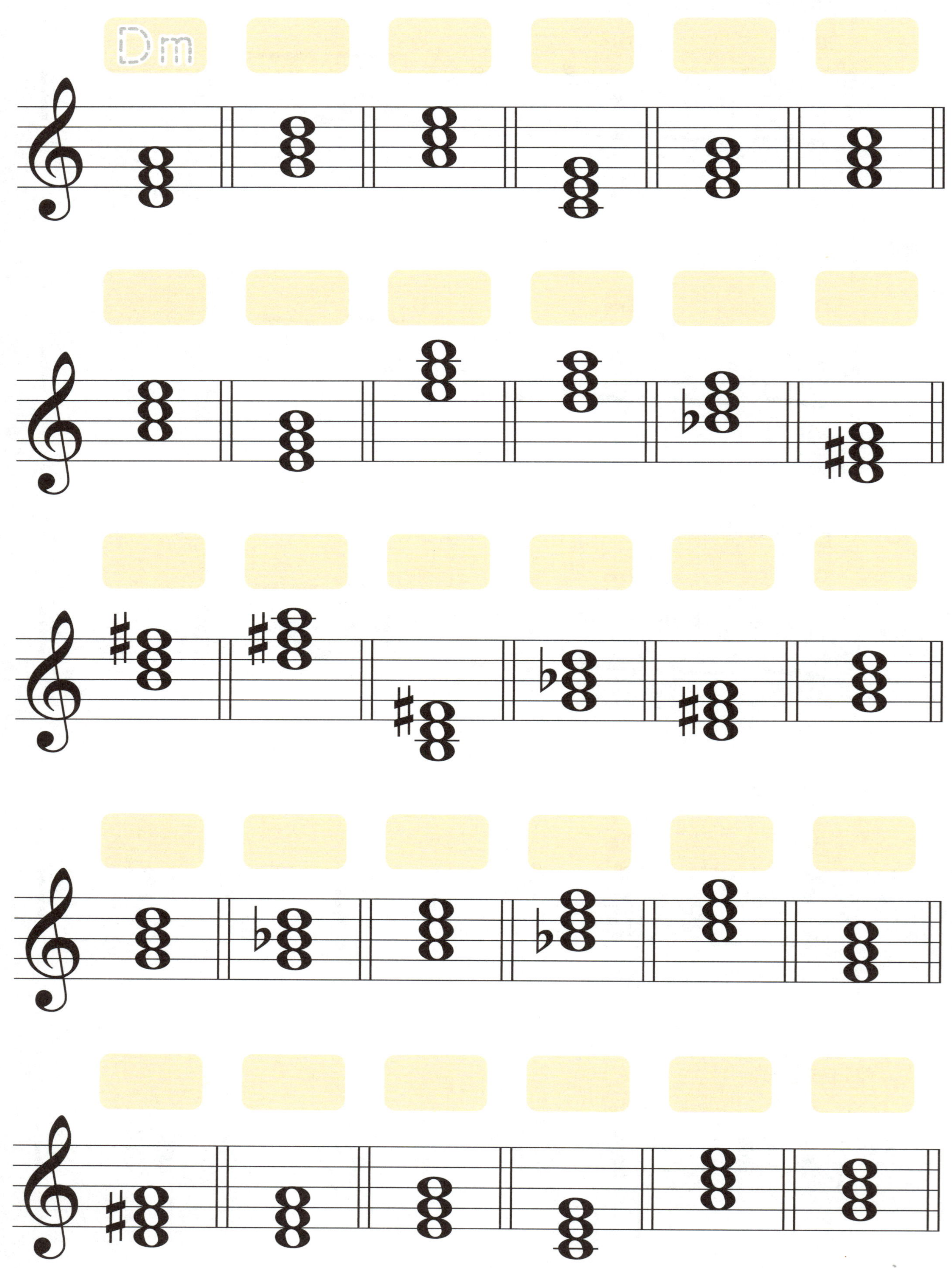
Dm

# 코드 이름을 쓰세요.

코드 이름을 보고 빠진 구성음을 온음표로 그리세요.

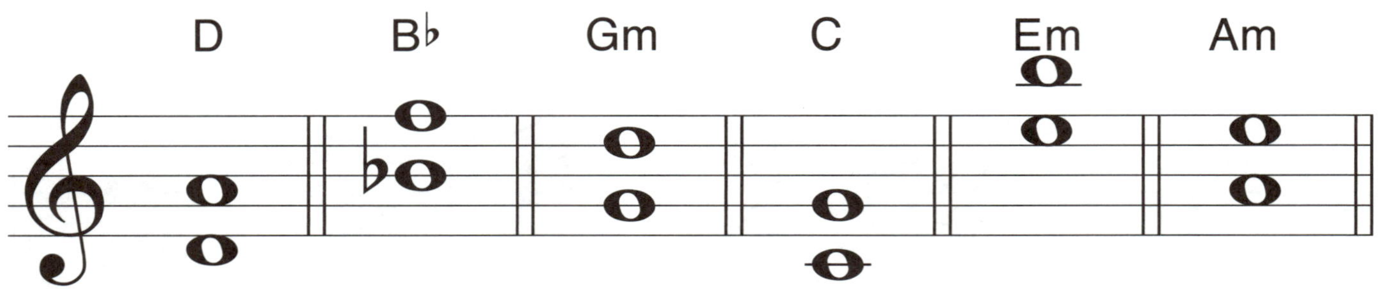


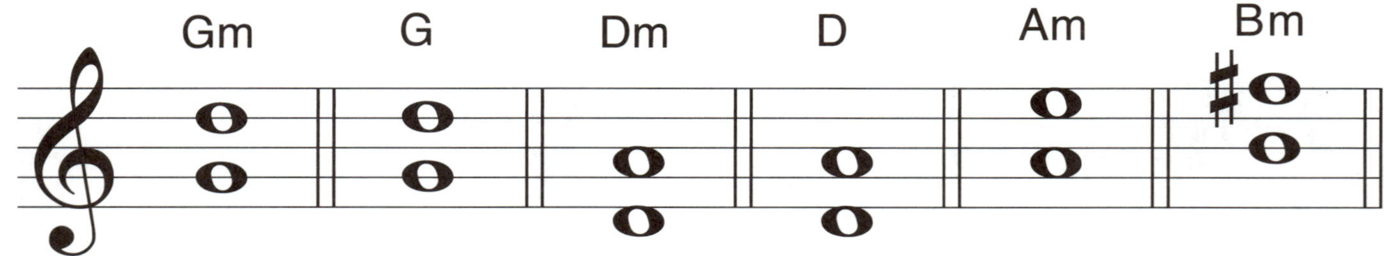


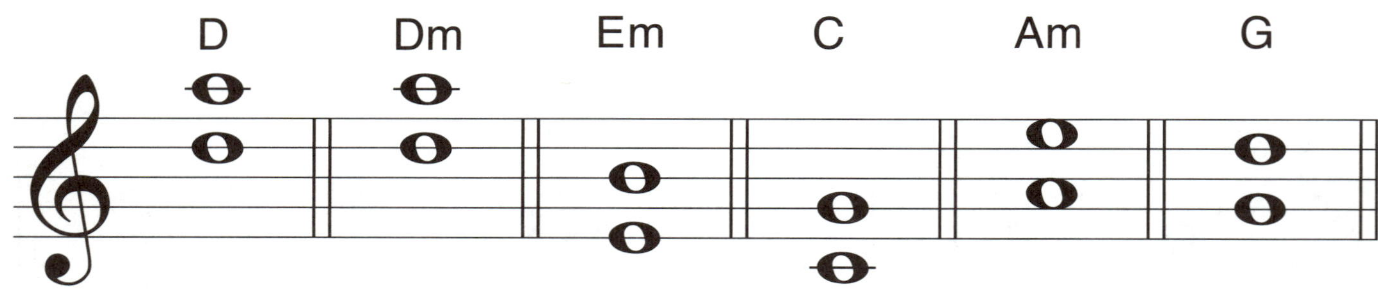

 코드 이름을 보고 빠진 구성음을 온음표로 그리세요.

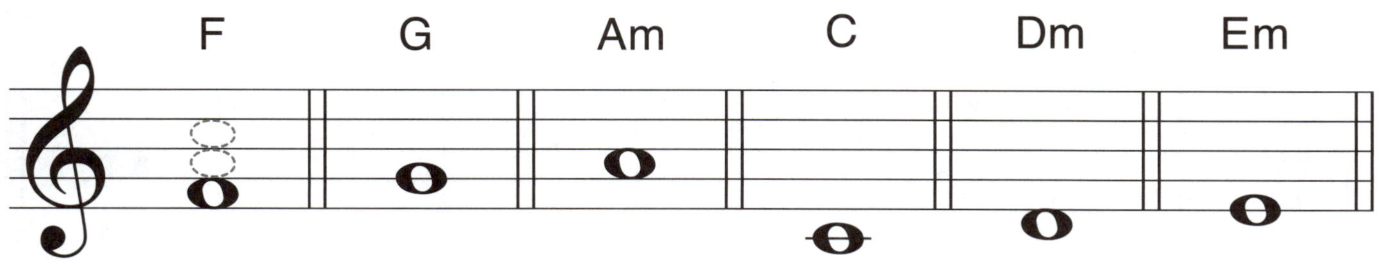


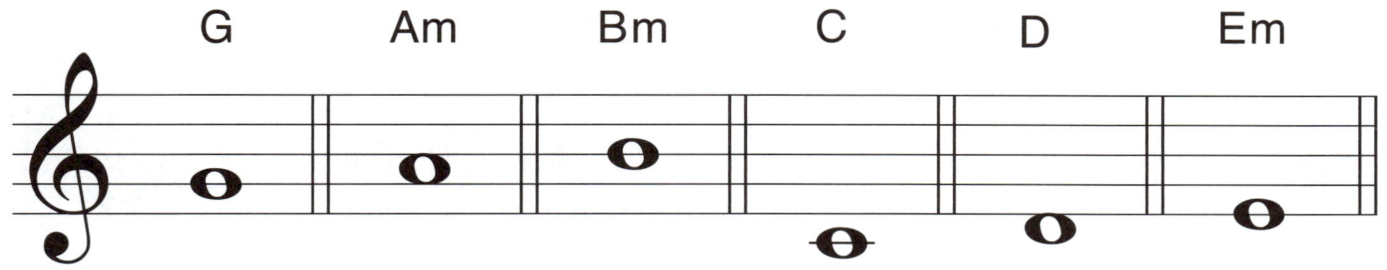


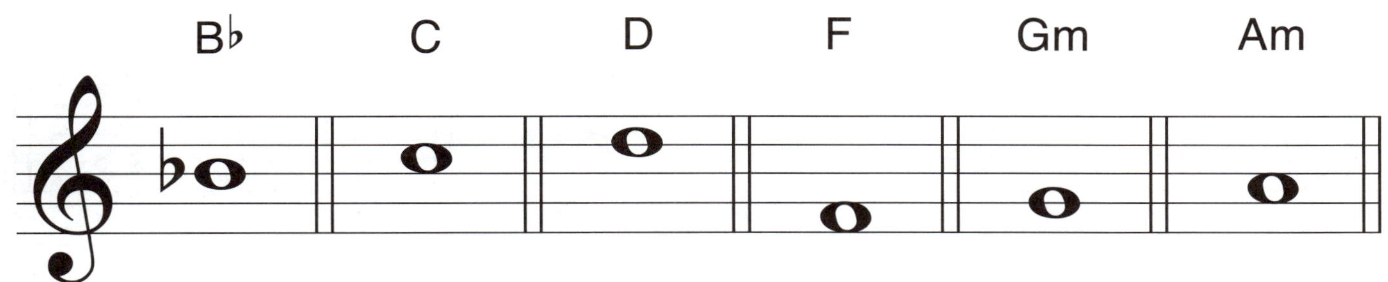


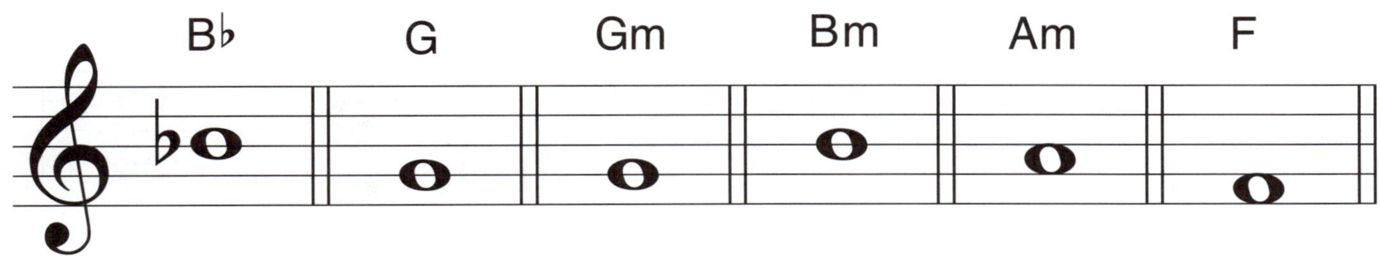


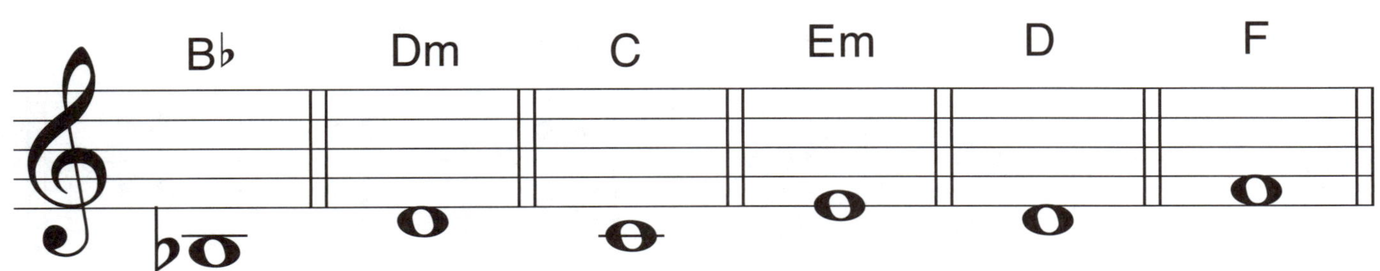

코드 이름을 보고 빠진 구성음을 온음표로 그리세요.



 쉽게 익히는

코드 이름을 보고 빠진 구성음을 온음표로 그리세요.

Bb/D    G/D    Gm/D    Am/E    C/E    Em

F/C    Am/C    C    G/B    Gm/Bb    Bb

Am    C/G    Em/G    Gm    G    Dm/F

Bm/D    Bb/D    G/D    Gm/D    Am/C    F/C

Em/G    F/A    Dm/A    D/A    Bb    G/B

코드 이름을 보고 빠진 구성음을 온음표로 그리세요.


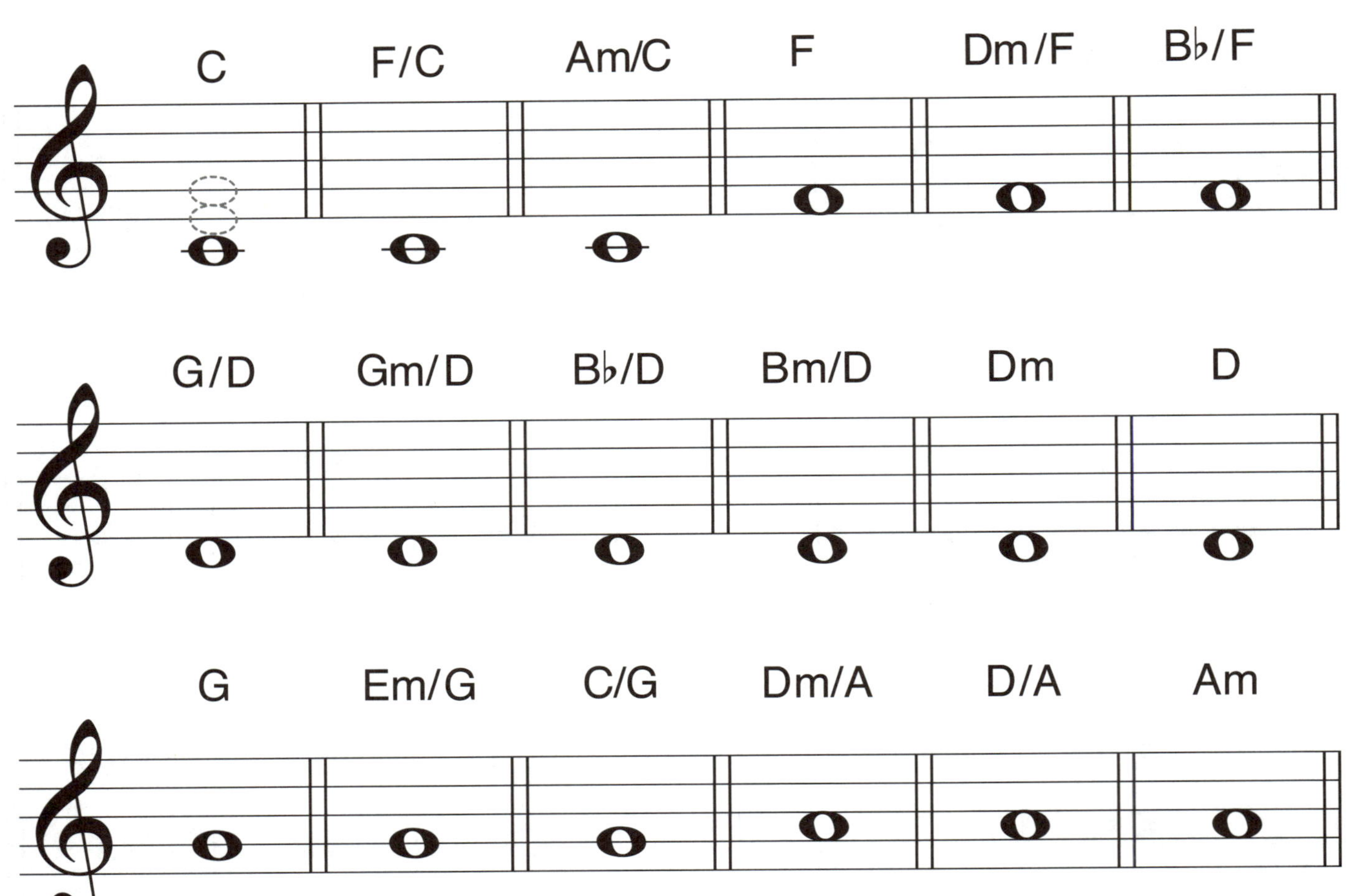

C    F/C    Am/C    F    Dm/F    B♭/F
G/D    Gm/D    B♭/D    Bm/D    Dm    D
G    Em/G    C/G    Dm/A    D/A    Am



코드 이름을 보고 건반을 색칠하세요.


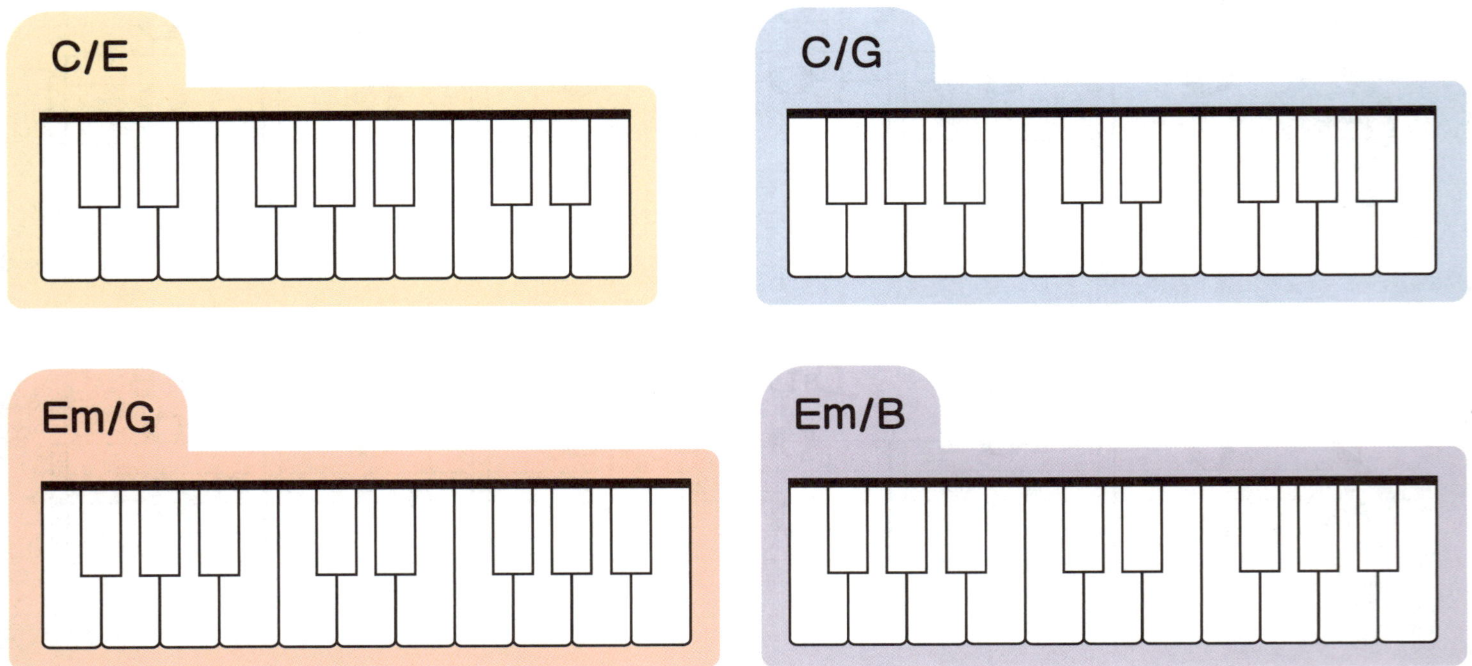

C/E
C/G
Em/G
Em/B

 코드 이름을 보고 빠진 구성음을 온음표로 그리세요.

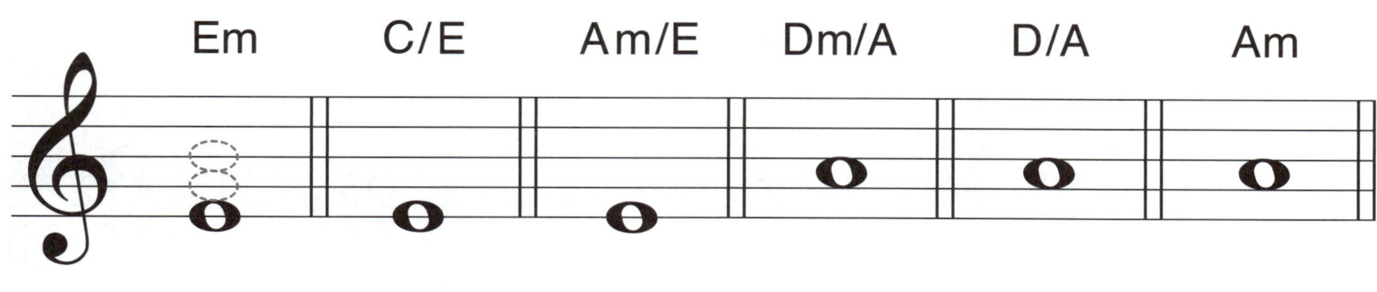


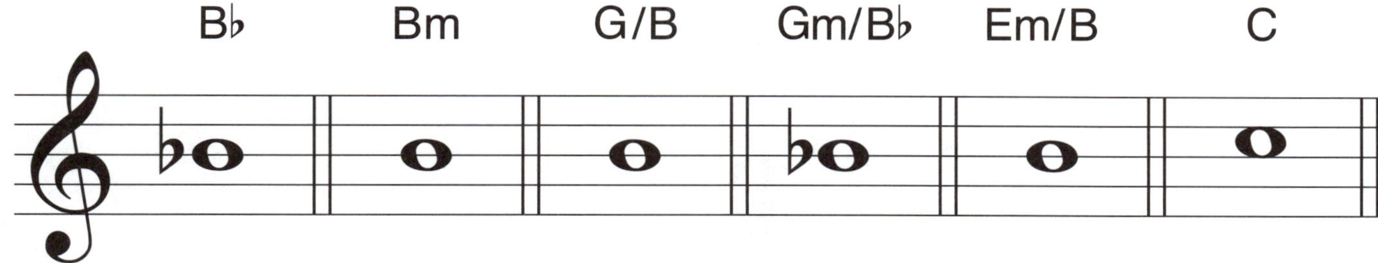




코드 이름을 보고 건반을 색칠하세요.

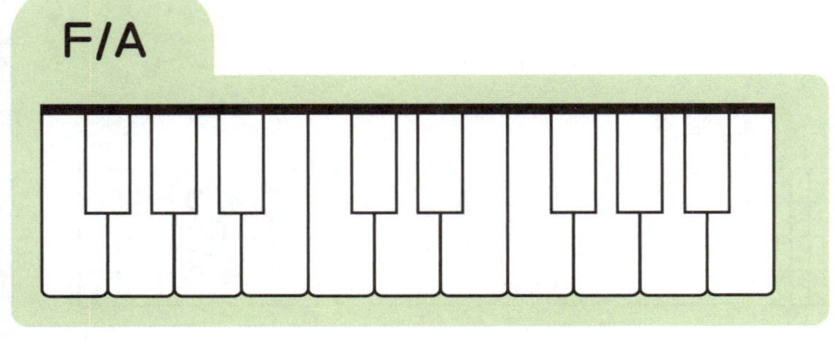


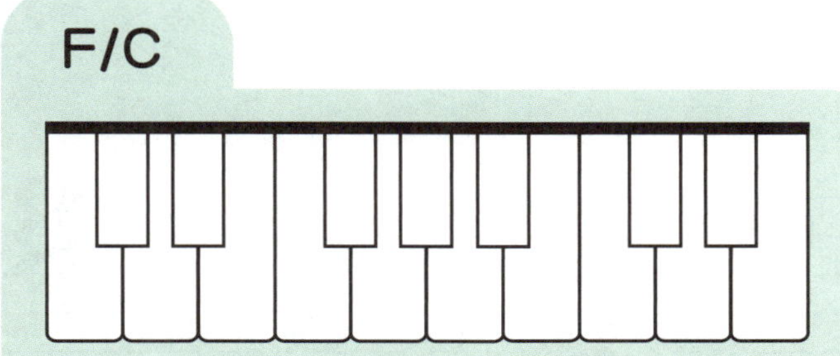


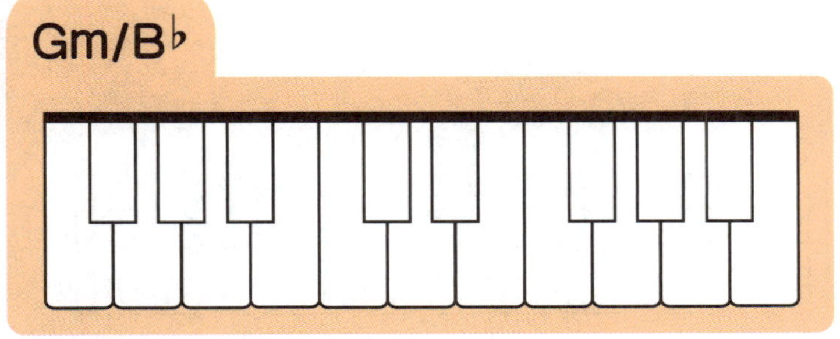


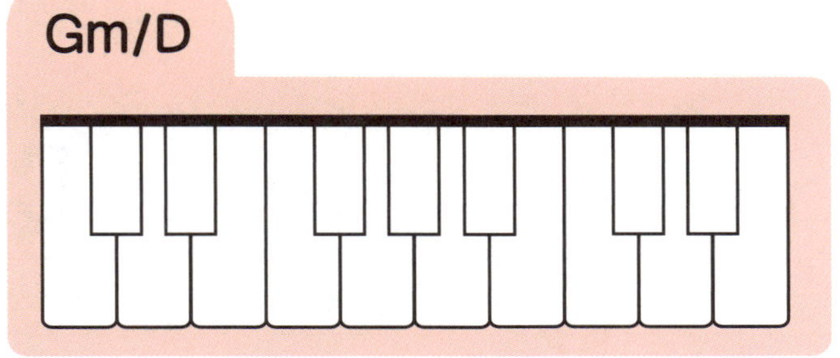

코드 이름을 쓰세요.

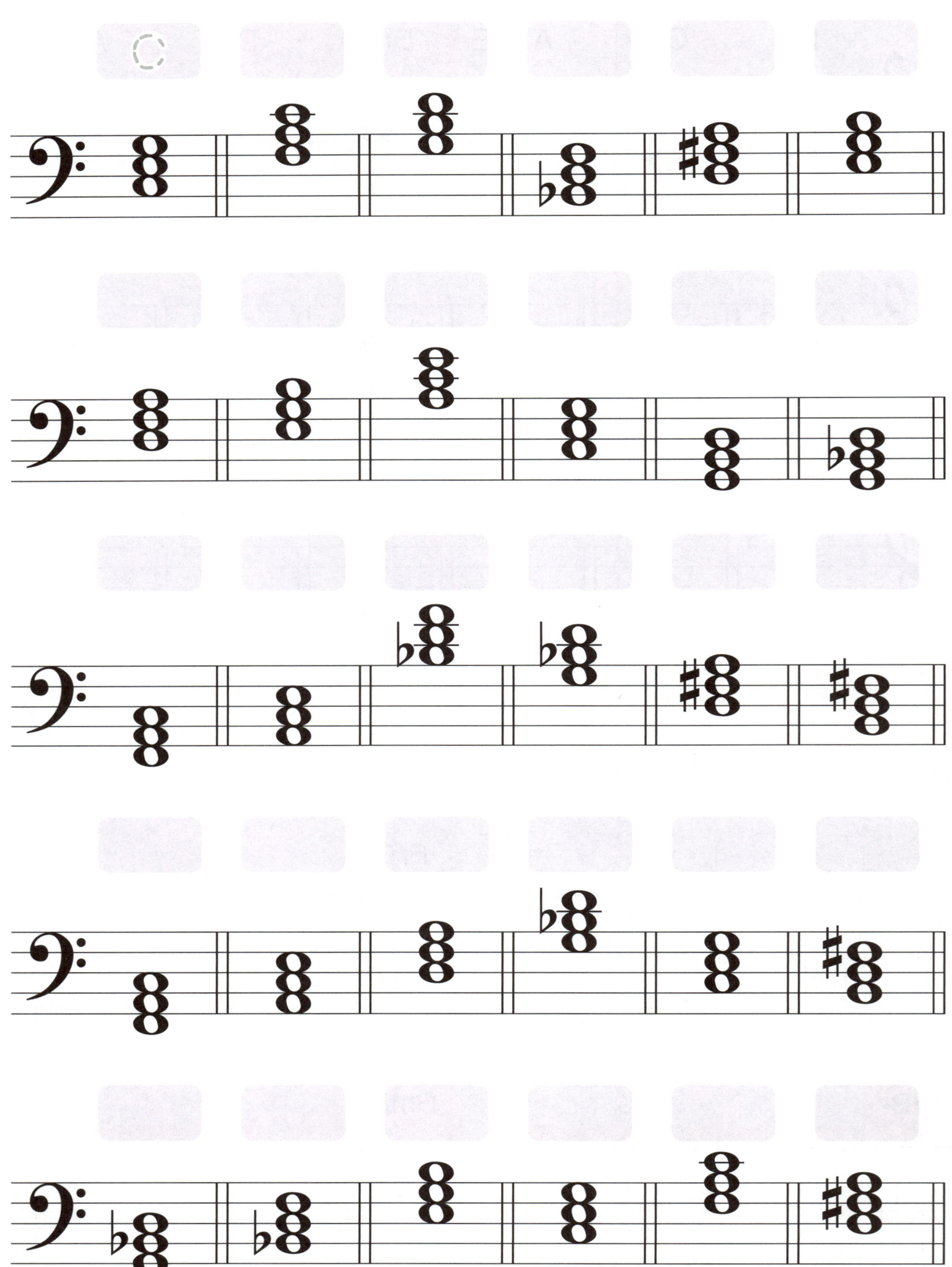

코드 이름을 쓰세요.

C/E

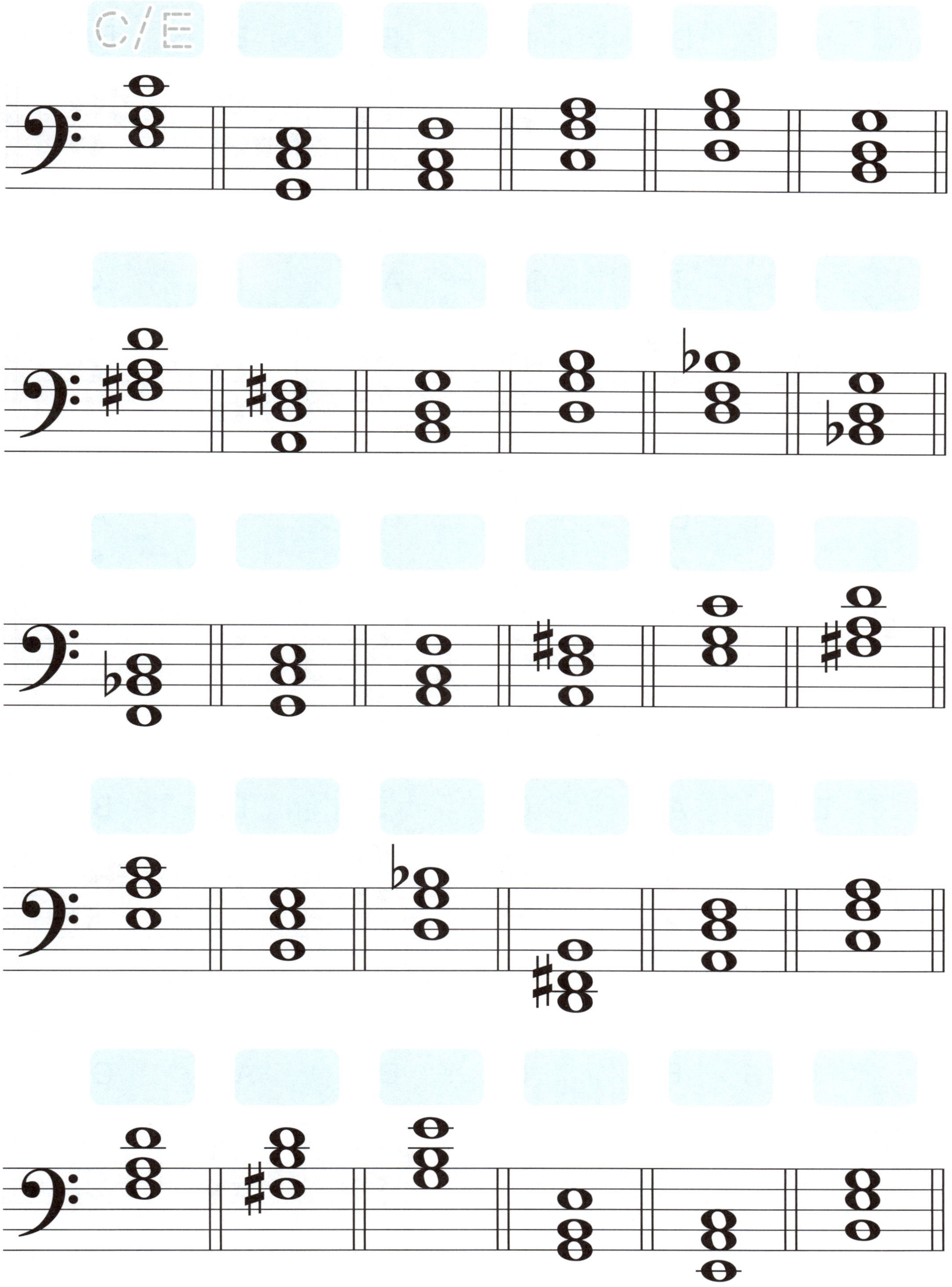

코드 이름을 보고 빠진 구성음을 온음표로 그리세요.


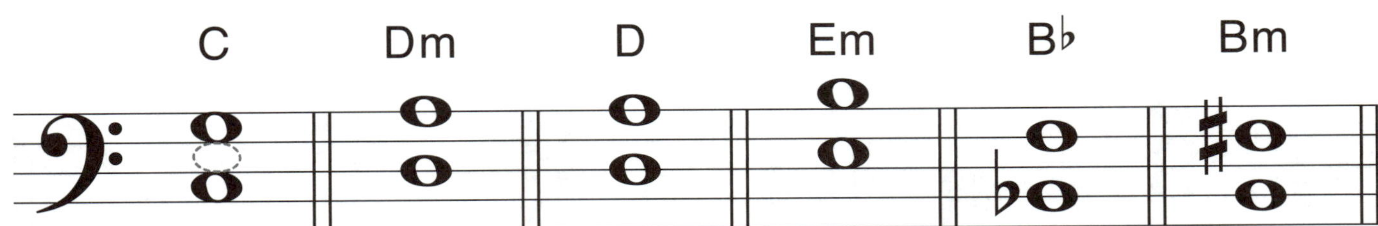

C   Dm   D   Em   B♭   Bm


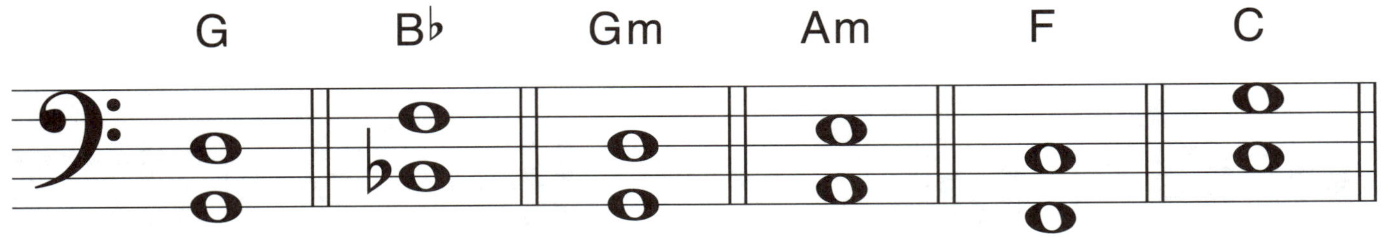

G   B♭   Gm   Am   F   C


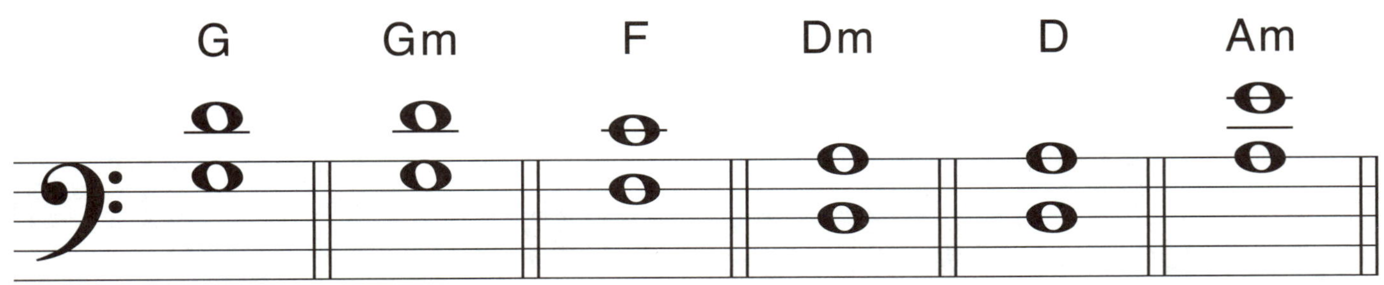

G   Gm   F   Dm   D   Am


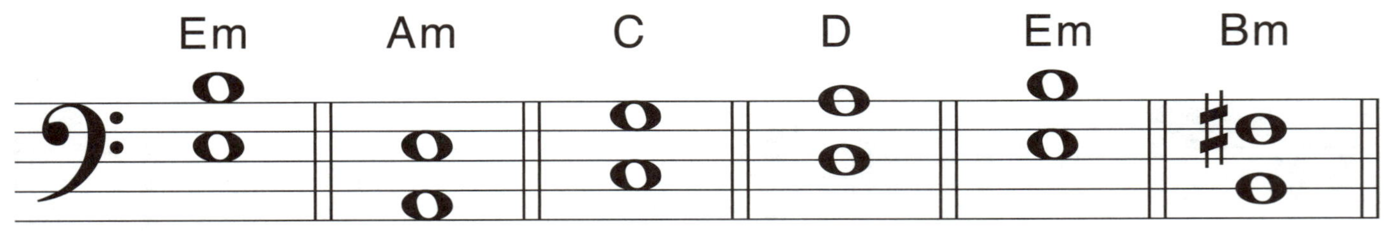

Em   Am   C   D   Em   Bm



C   Em   D   Bm   Am   Gm

 코드 이름을 보고 빠진 구성음을 온음표로 그리세요.

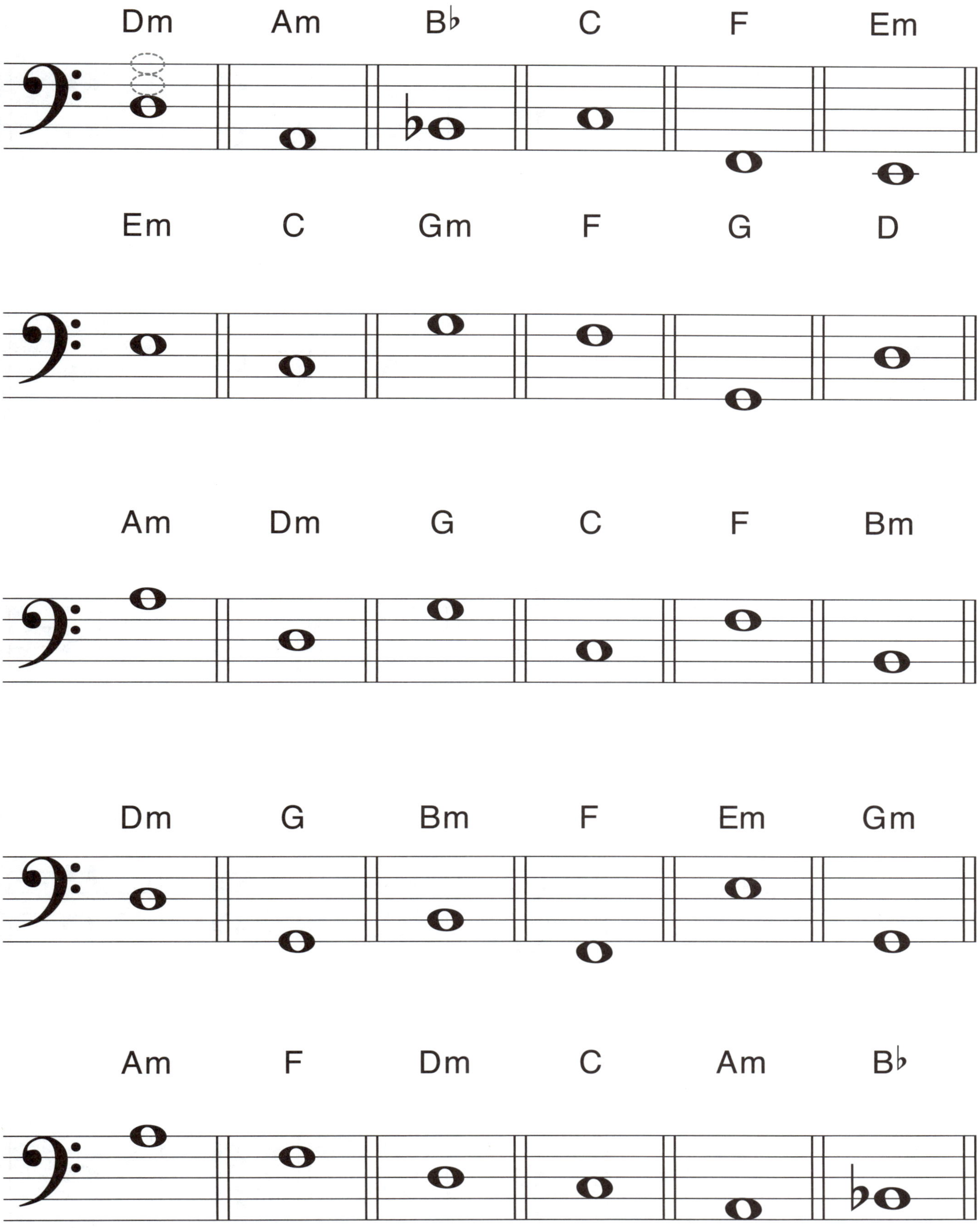

코드 이름을 보고 빠진 구성음을 온음표로 그리세요.

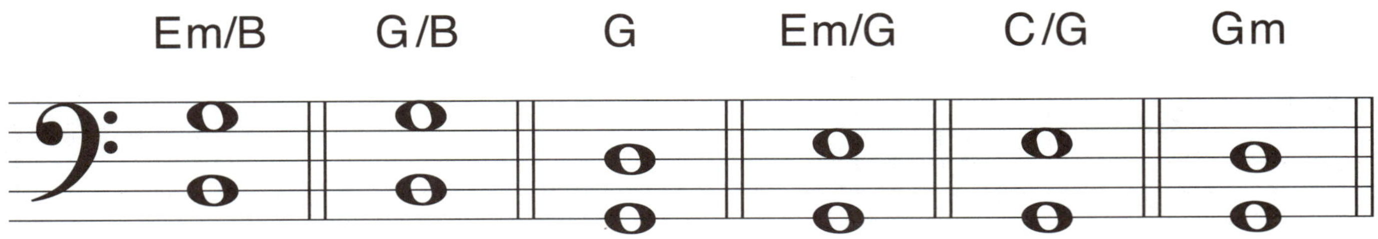


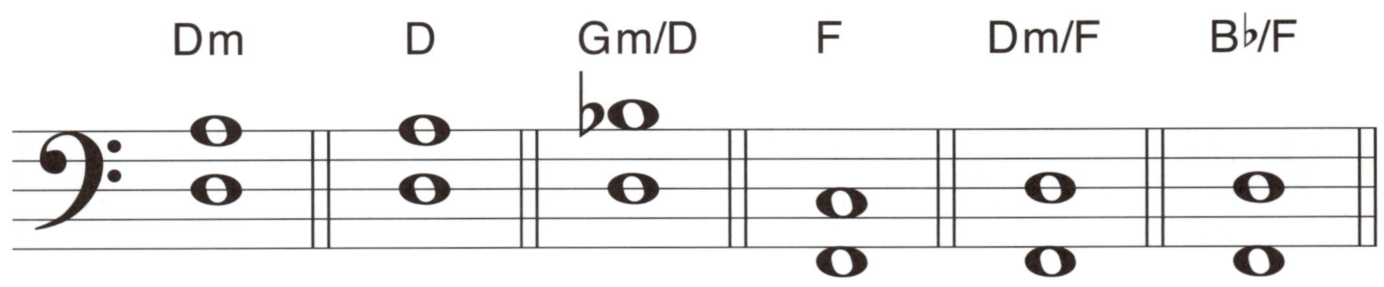

코드 이름을 보고 빠진 구성음을 온음표로 그리세요.

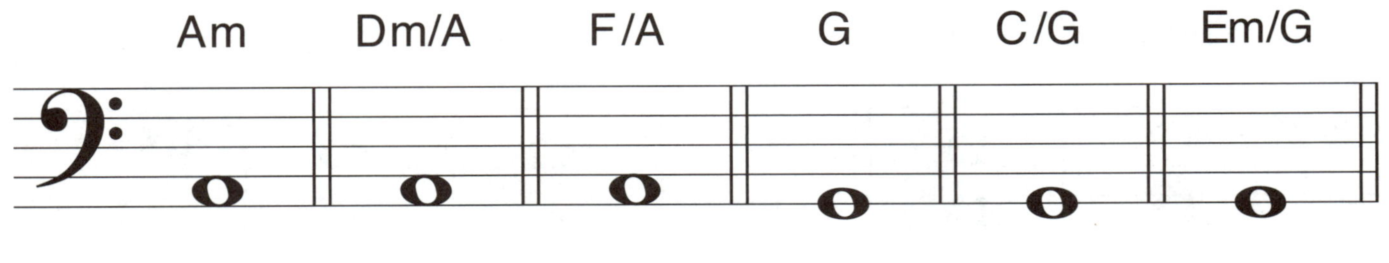


Em   C/E   Am/E   D   Em/B   Dm/A



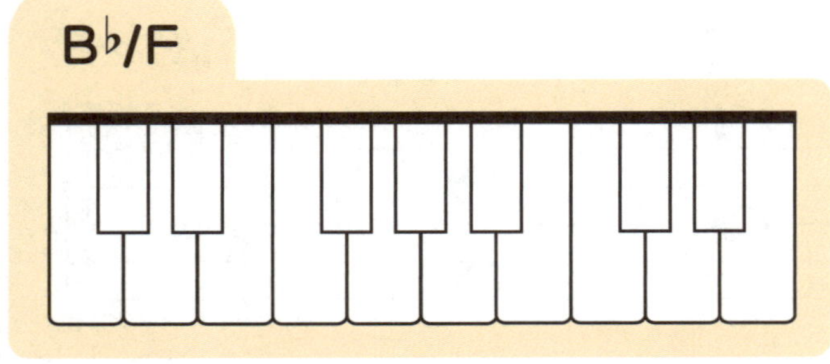


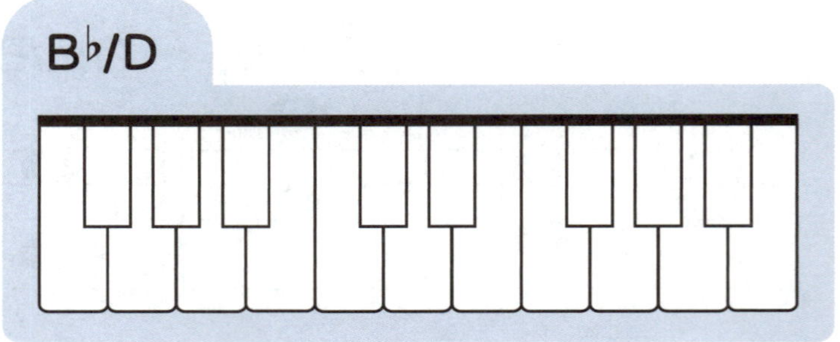

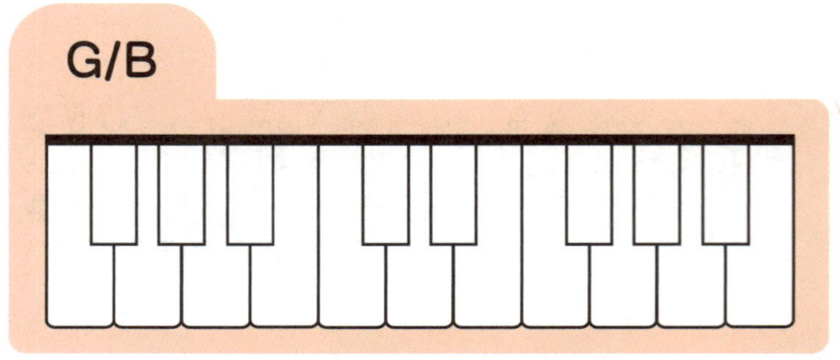

코드 이름을 보고 빠진 구성음을 온음표로 그리세요.
G/D   B♭/D   Dm   Gm/D   D   Em/G


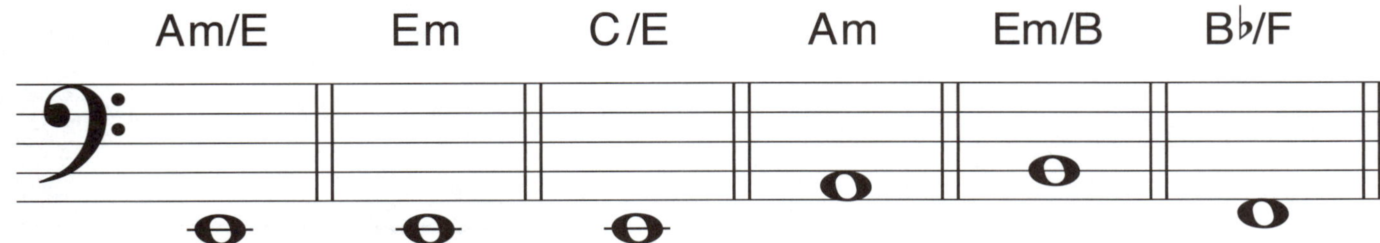

Am   Dm/A   F/A   D/A   Am   Em/B
Am/E   Em   C/E   Am   Em/B   B♭/F



코드 이름을 보고 건반을 색칠하세요.

Bm/D


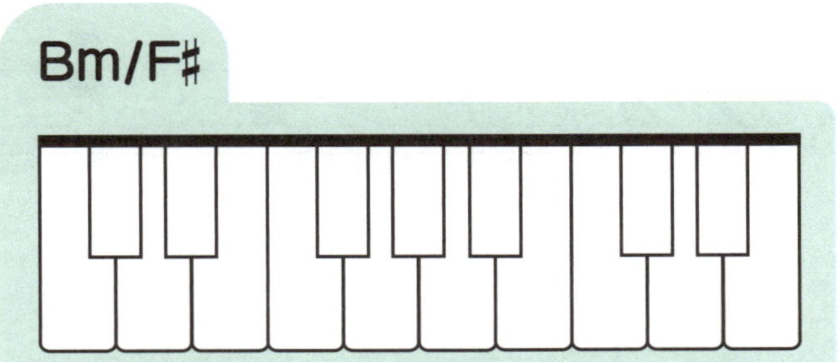

Bm/F#

Dm/F

Dm/A

코드 이름을 쓰세요.

## 당신은 누구십니까? 작자 미상

## 숲 속 작은 곰

작자 미상

# 학습 평가 2

코드 이름을 쓰세요.

## 작은 별    프랑스 동요

 코드 이름을 쓰세요.

## 즐거운 나의 집

비숍 작곡

코드 이름을 보고 4분의 4박자 펼침화음(8분음표) 반주로 그리세요.

## 즐거운 나의 집  비숍 작곡

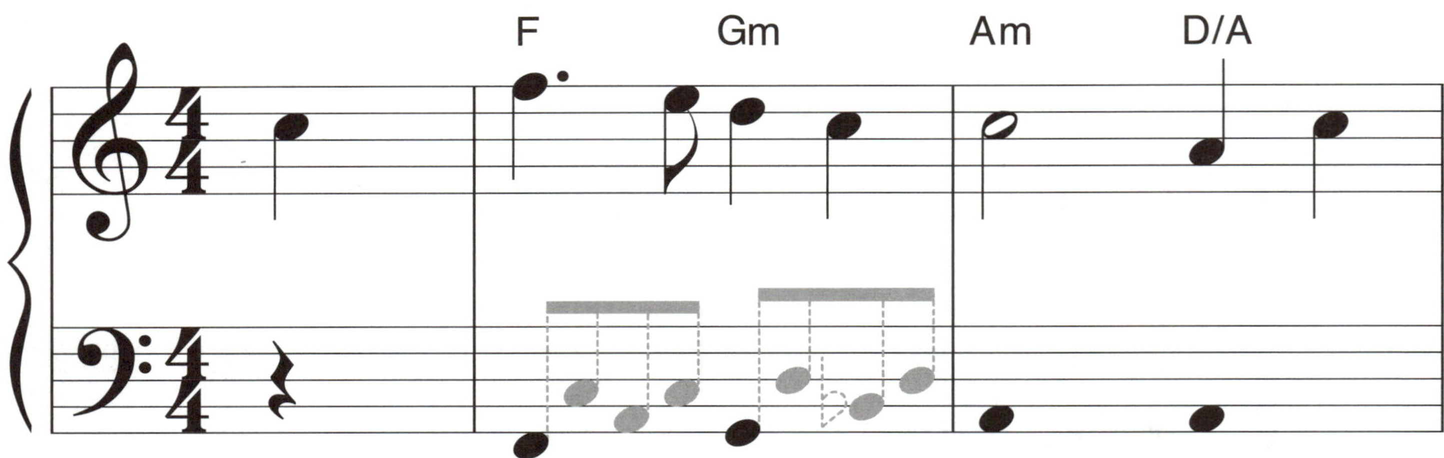


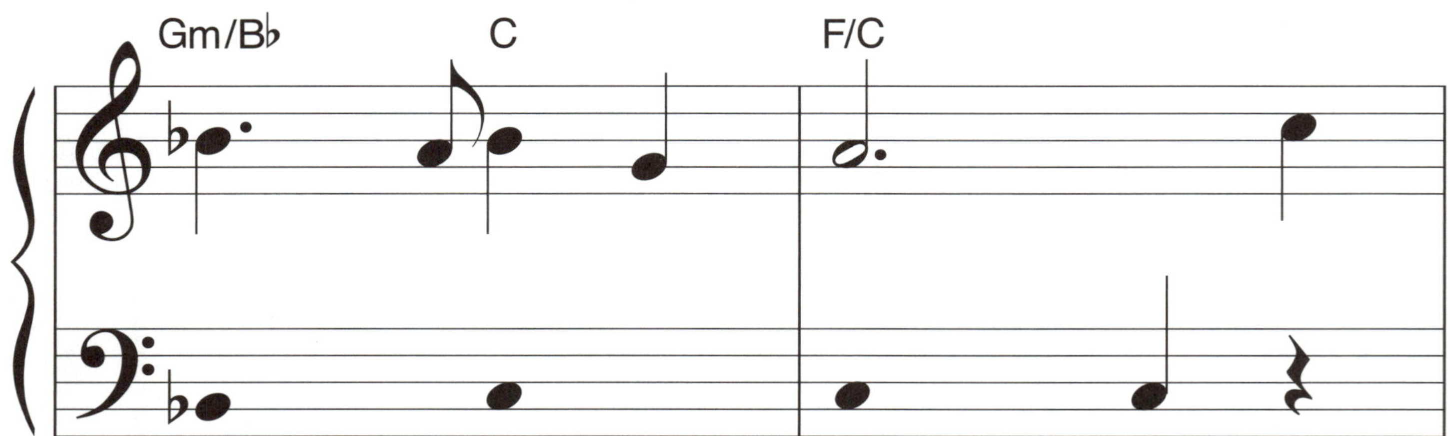

파
도
레
미

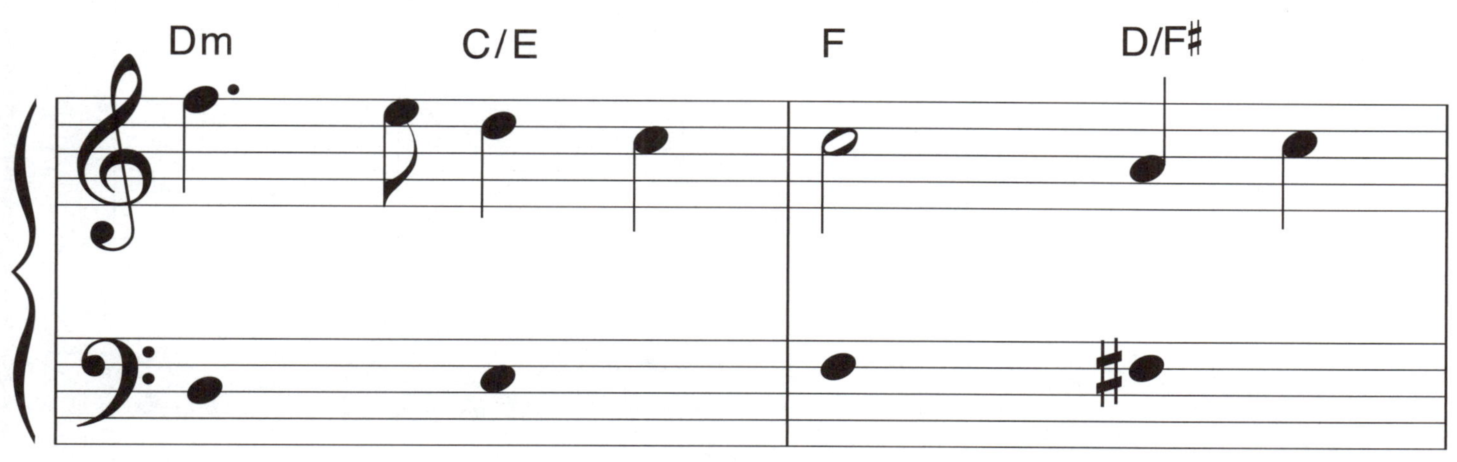
Dm
C/E
F
D/F#

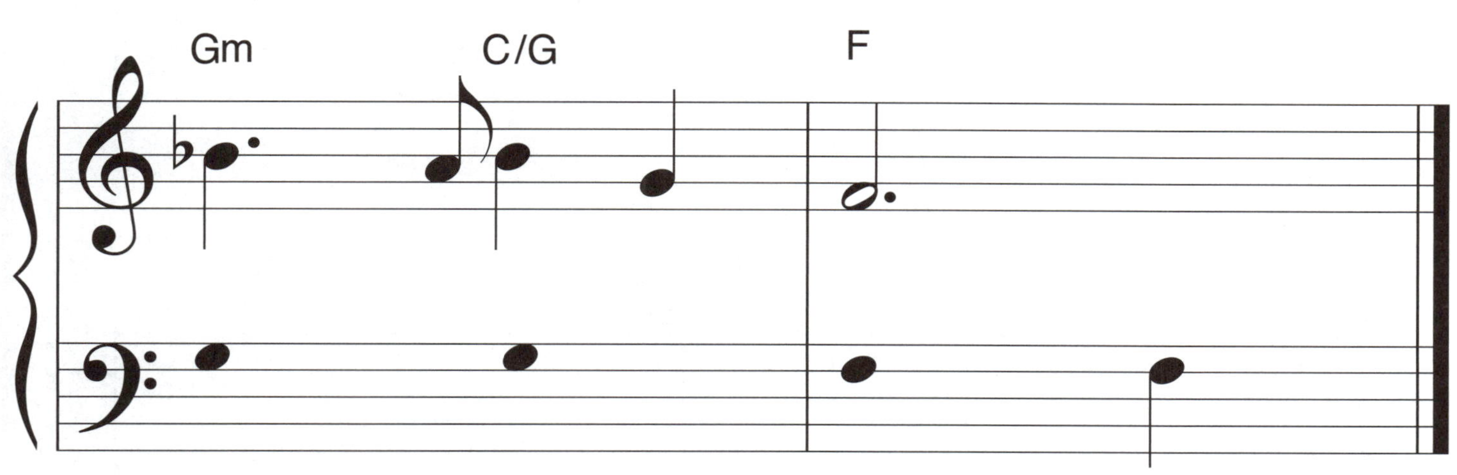
Gm
C/G
F

코드 이름을 보고 반주를 그리세요.

## 언덕 위의 집   미국 민요

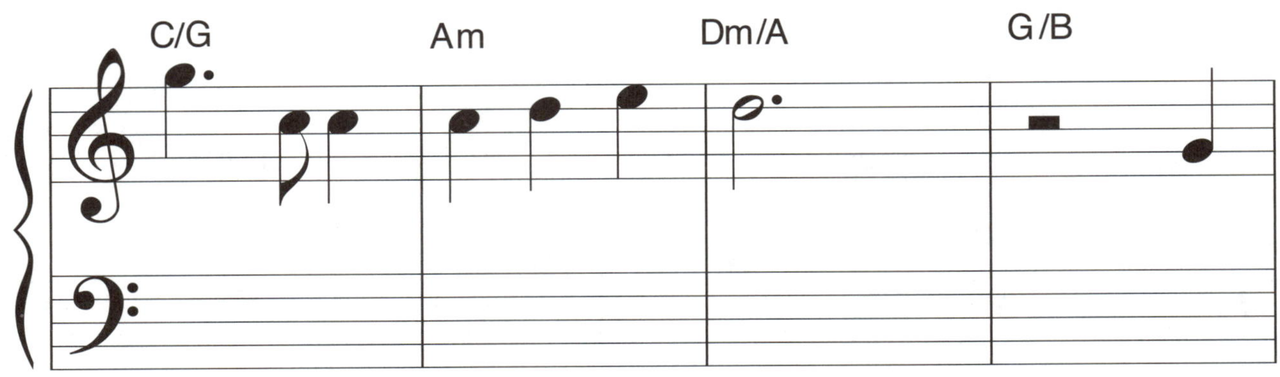


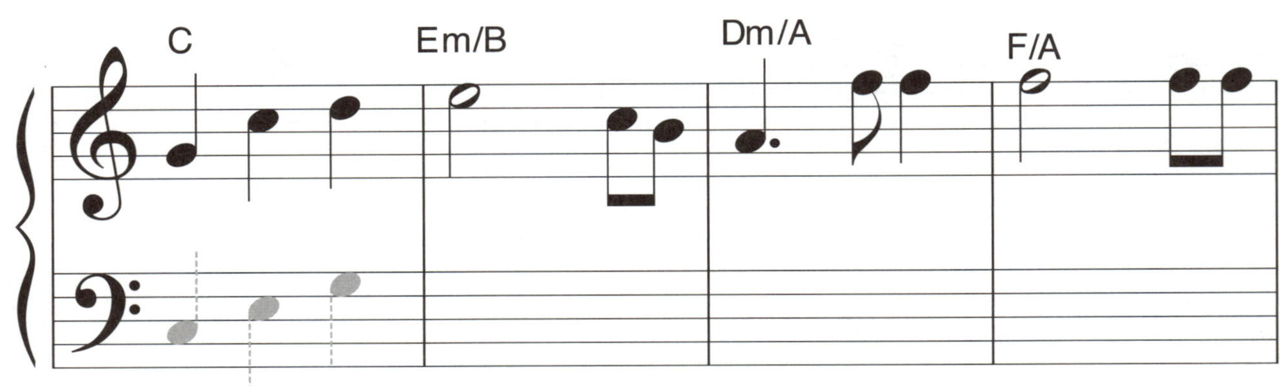


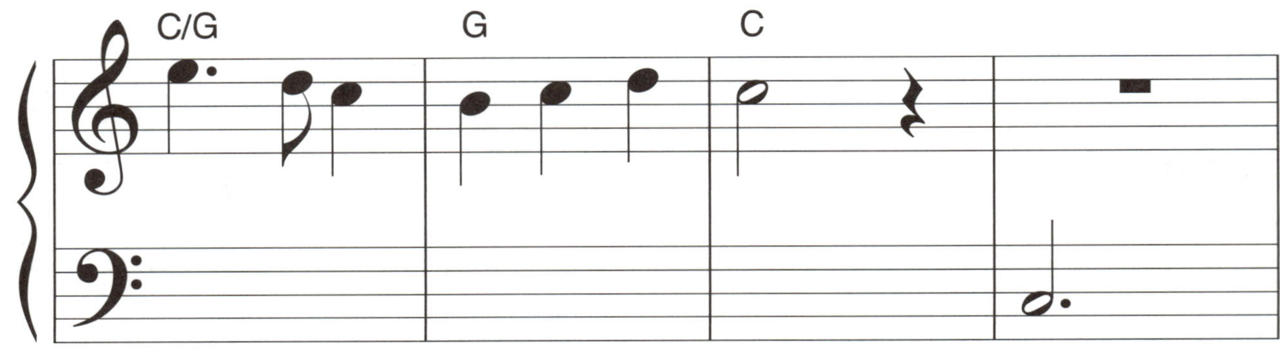

C
Dm
C/E
Em

Am/E
D/F#
G


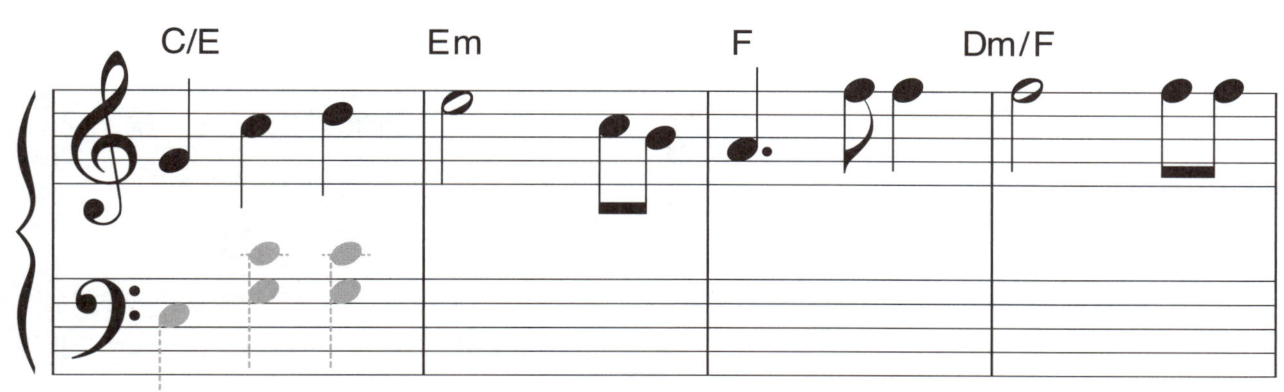

C/E
Em
F
Dm/F


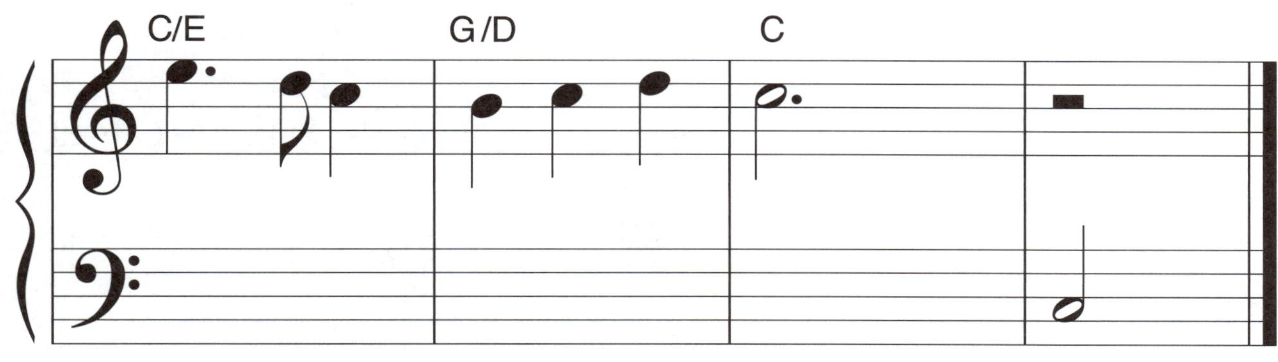

C/E
G /D
C

힌트를 보고 ◯에 알맞은 알파벳을 쓰세요.

**힌트**

 **나에 대해 쓰세요.**

| | |
|---|---|
| 이름 : | 내가 잘 하는 것 : |
| 나이 : | |
| 생일 : | |
| 좋아하는 색깔 : | 내가 가고 싶은 곳 : |
| 좋아하는 음식 : | |
| 좋아하는 동물 : | |
| 좋아하는 활동 : | 소원이 있다면? |
| 좋아하는 장소 : | |
| 좋아하는 책 : | |
| 좋아하는 음악 : | 선생님에게 하고 싶은 말 : |

# 디미니쉬 코드

다장조, 사장조, 바장조 음계의 일곱 번째 음에서 3도씩 두 번 쌓아 올린 화음을 디미니쉬 코드라고 합니다.
아래의 악보를 살펴볼까요?

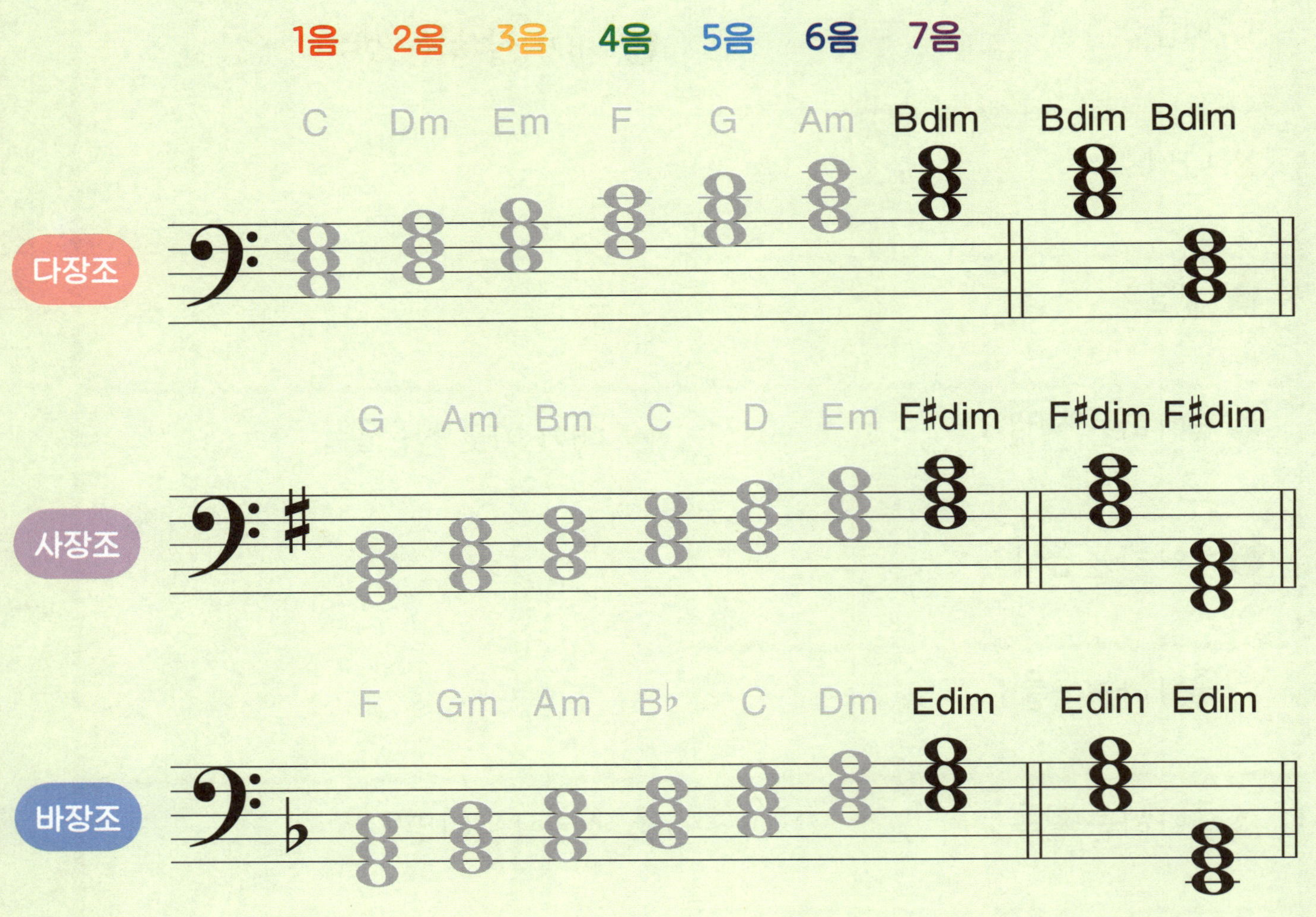


🐰 디미니쉬 코드를 따라 그리세요.

디미니쉬 코드를 따라 그리고 건반을 색칠하세요.

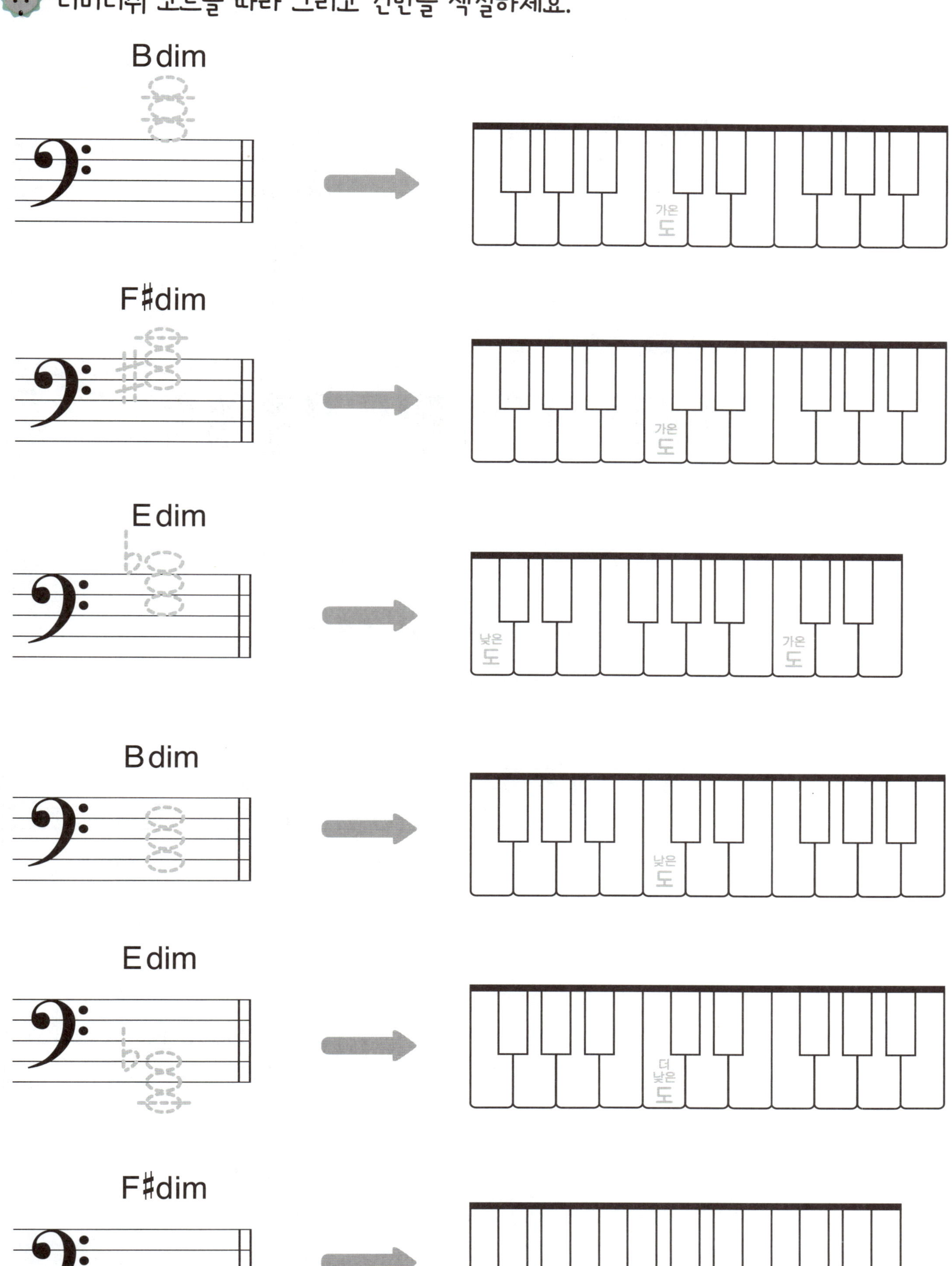
Bdim
가온도
F♯dim
가온도
Edim
낮은도
가온도
Bdim
낮은도
Edim
더낮은도
F♯dim
더낮은도
낮은도

# Bdim 코드와 자리바꿈

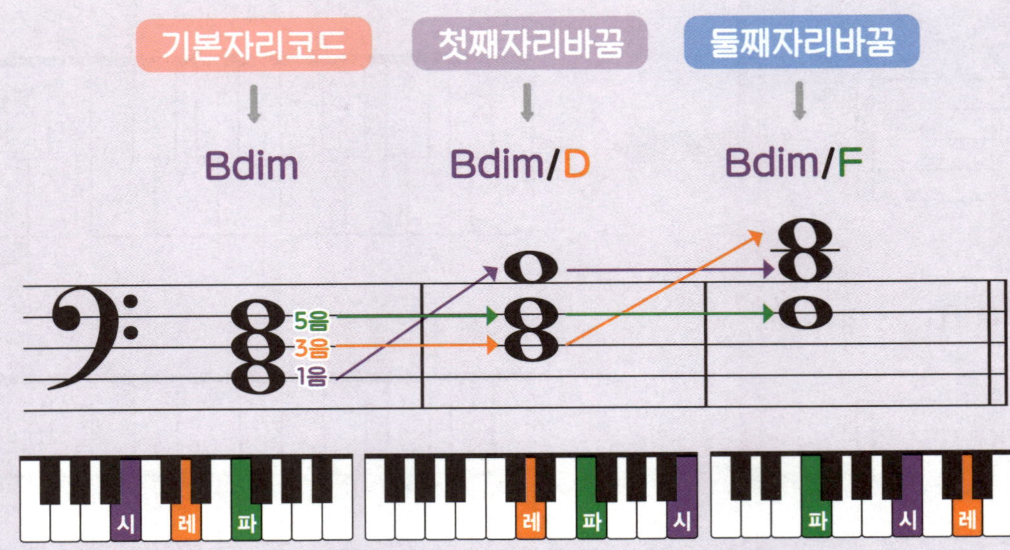


B 디미니쉬 코드의 자리바꿈을 따라 그리고 계이름을 쓰세요.

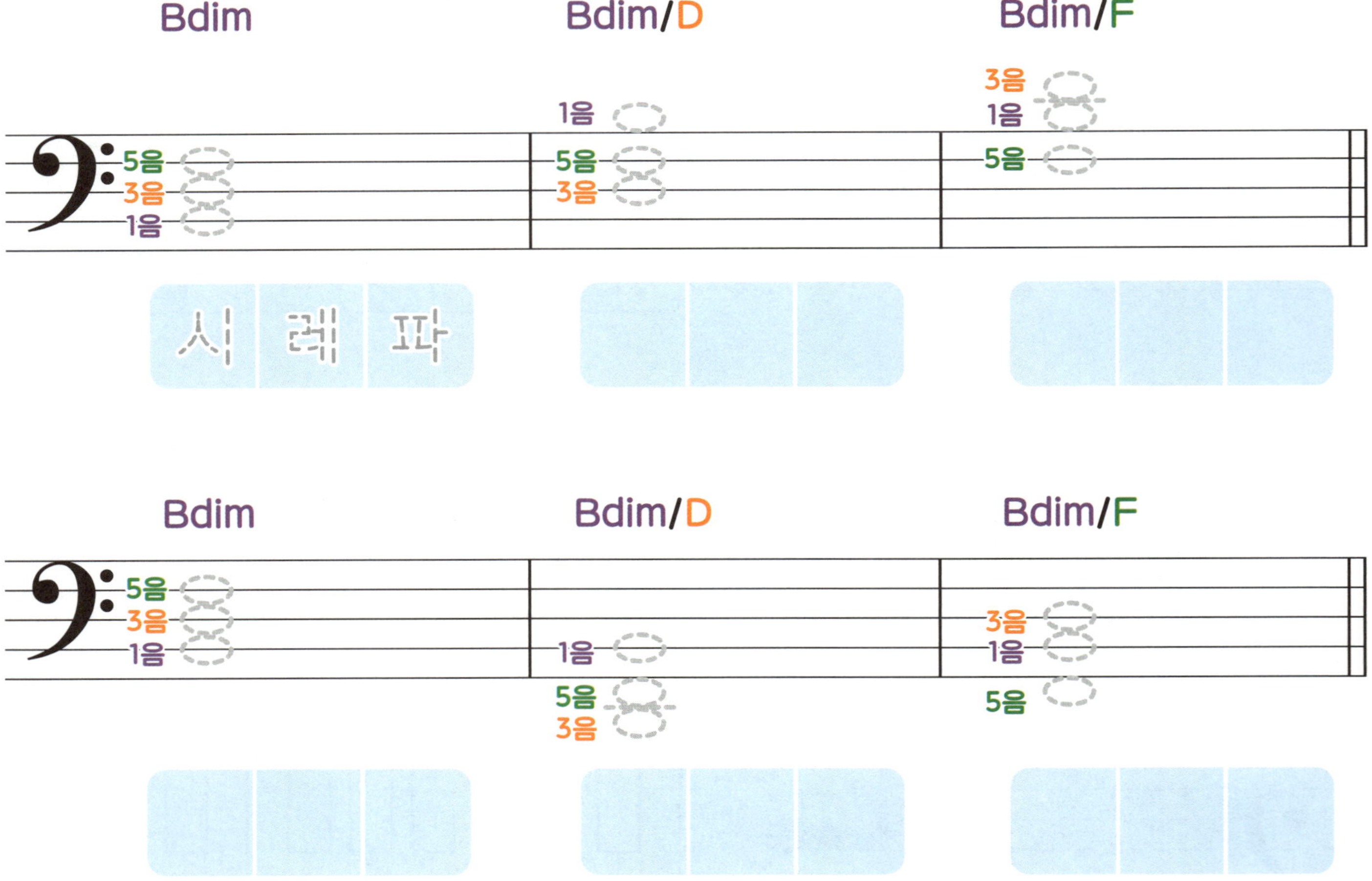

 코드와 구성음을 따라 그리고 건반을 색칠하세요.

Bdim

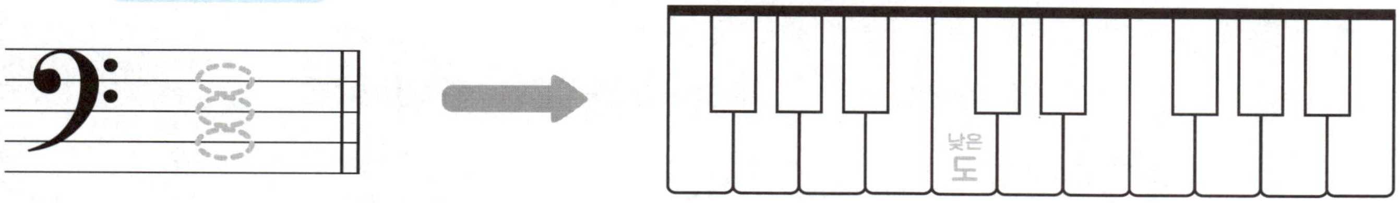

Bdim/D

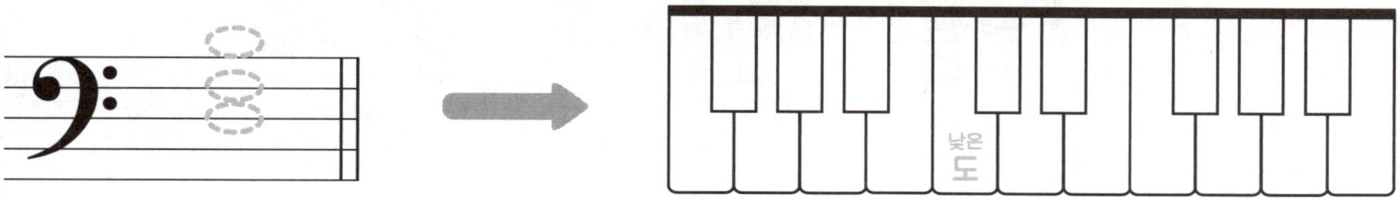

Bdim/D

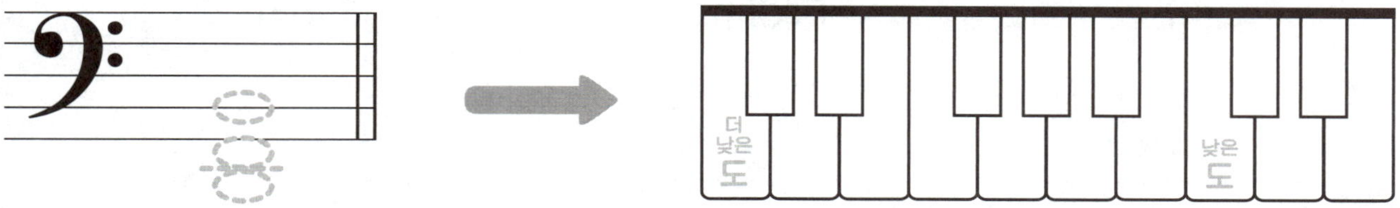

Bdim/F

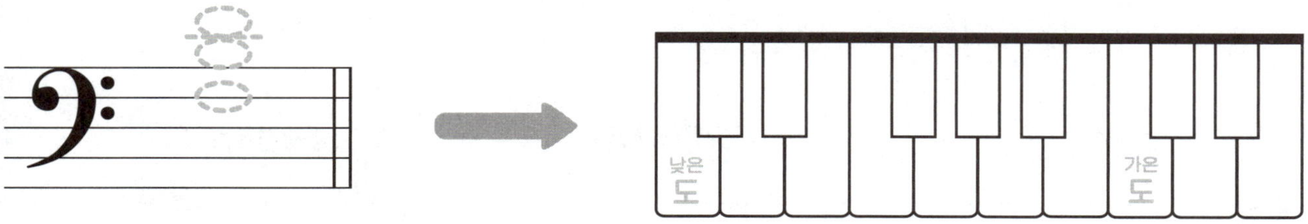

Bdim/F

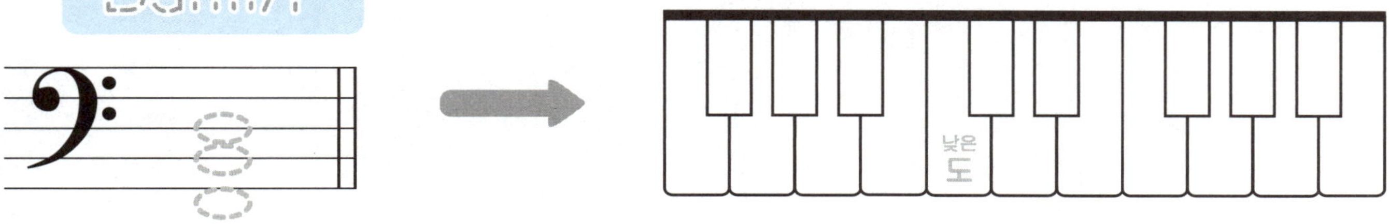

# F#dim 코드와 자리바꿈

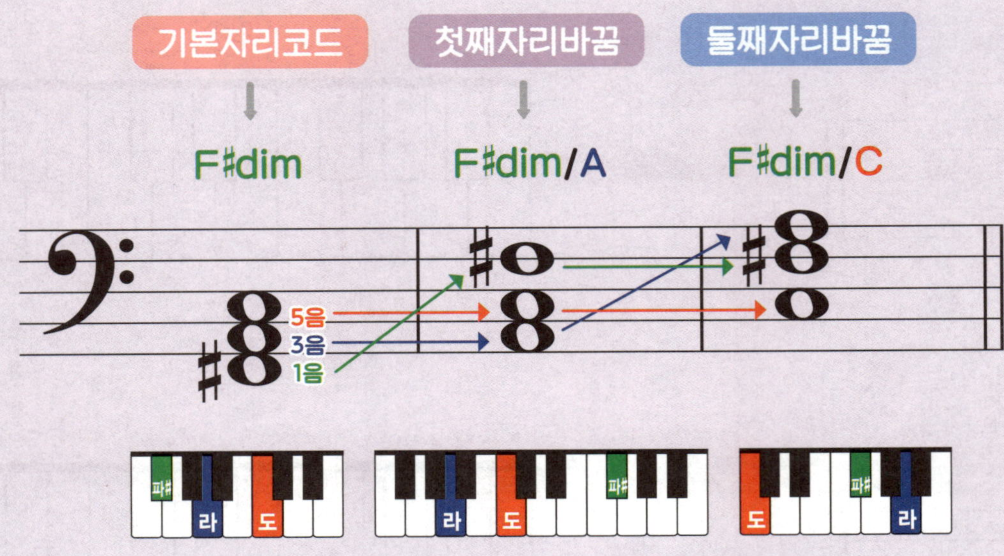


F# 디미니쉬 코드의 자리바꿈을 따라 그리고 계이름을 쓰세요.

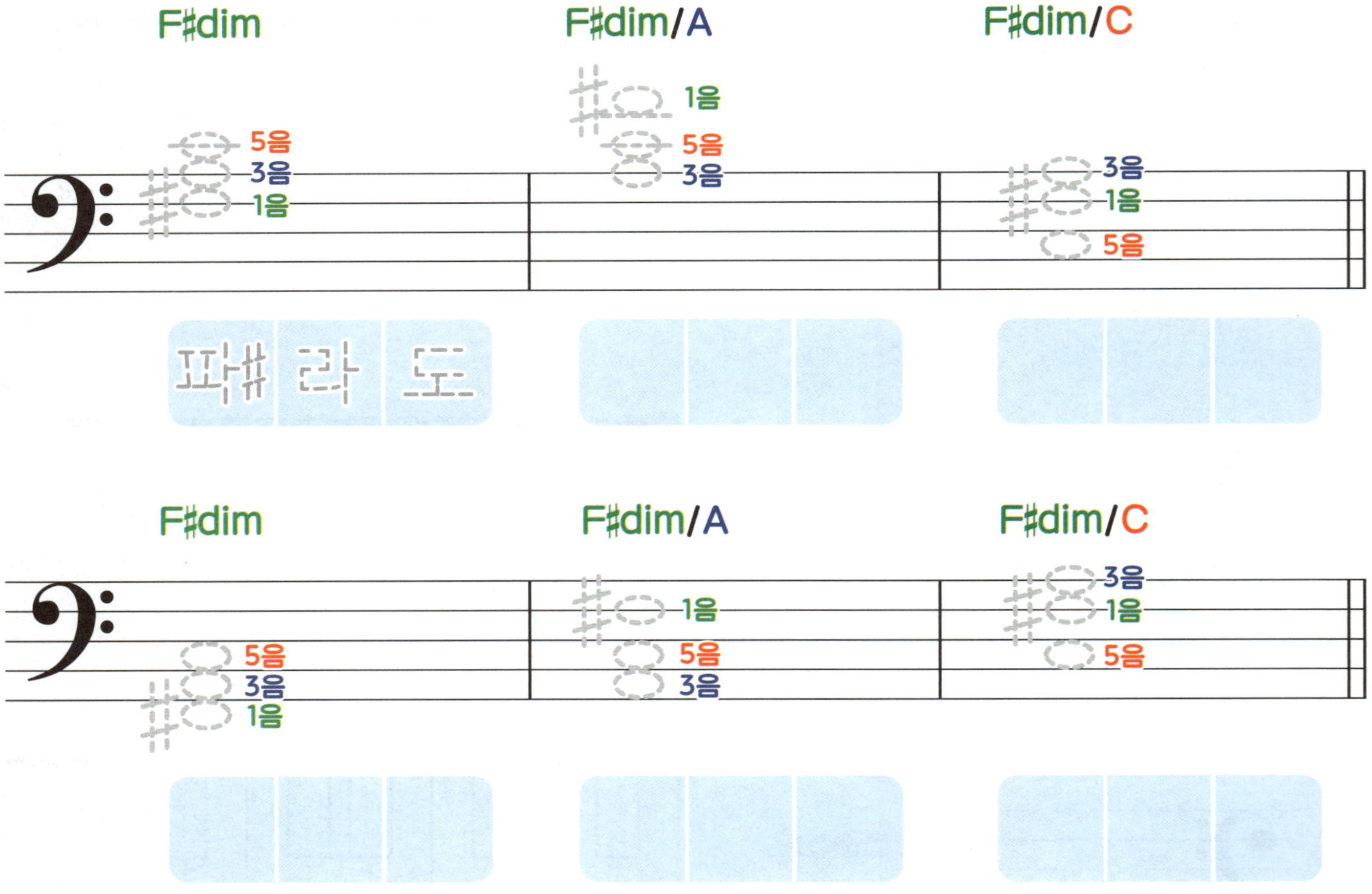

 코드와 구성음을 따라 그리고 건반을 색칠하세요.

**F#dim**

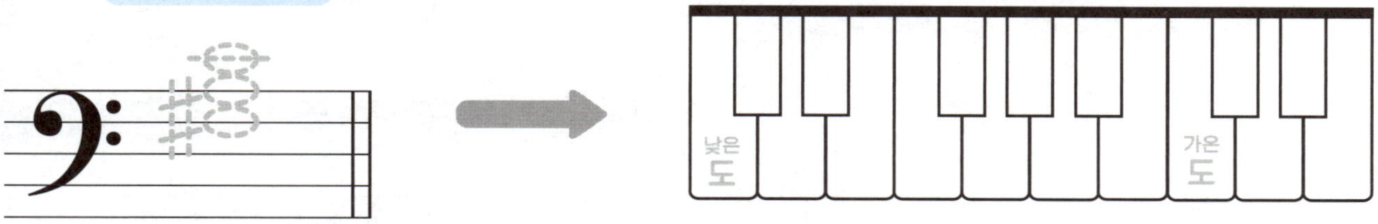

**F#dim**

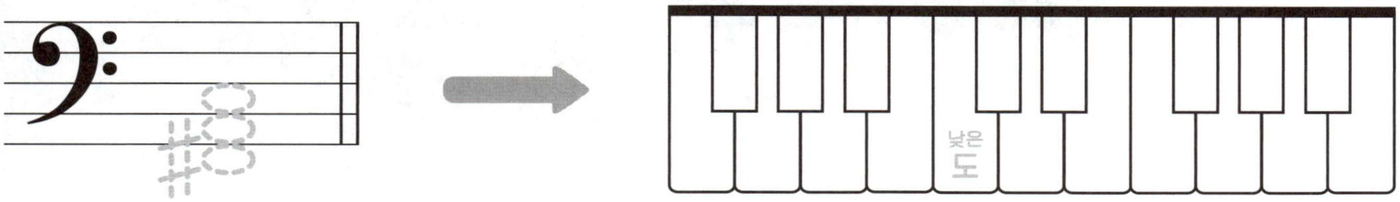

**F#dim/A**

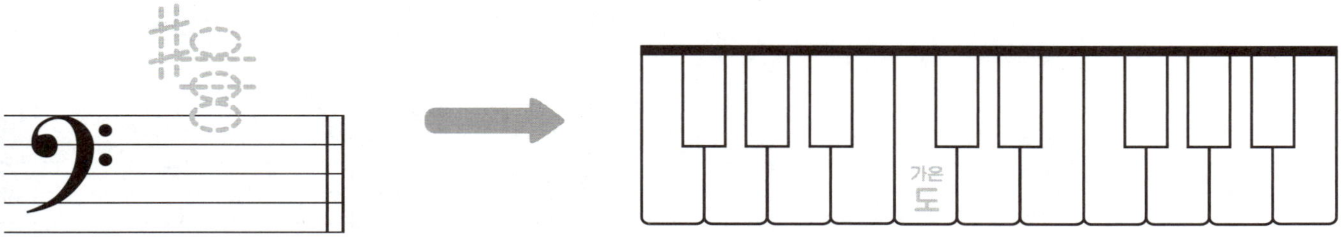

**F#dim/A**

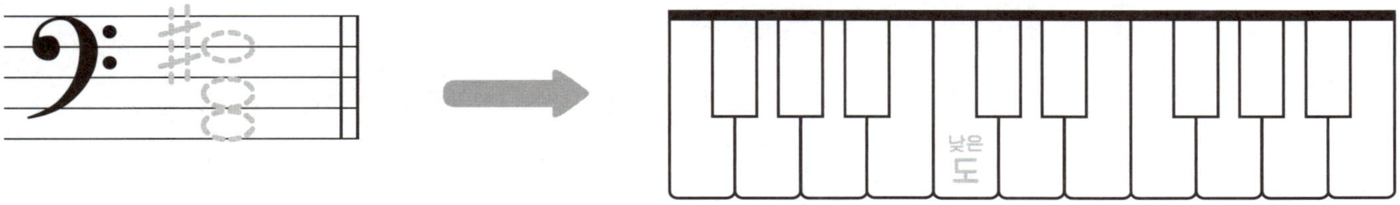

**F#dim/C**

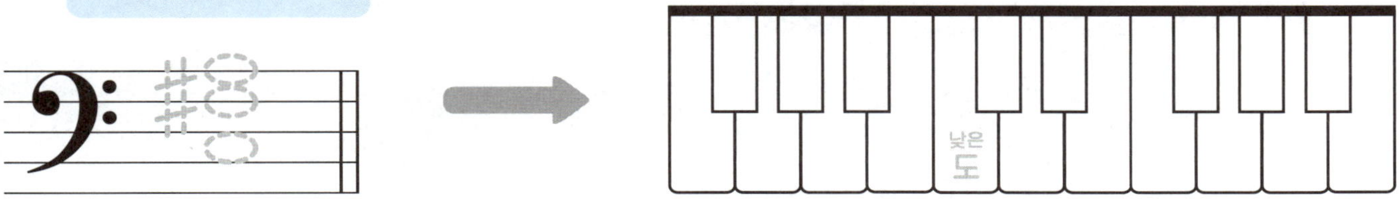

# Edim 코드와 자리바꿈

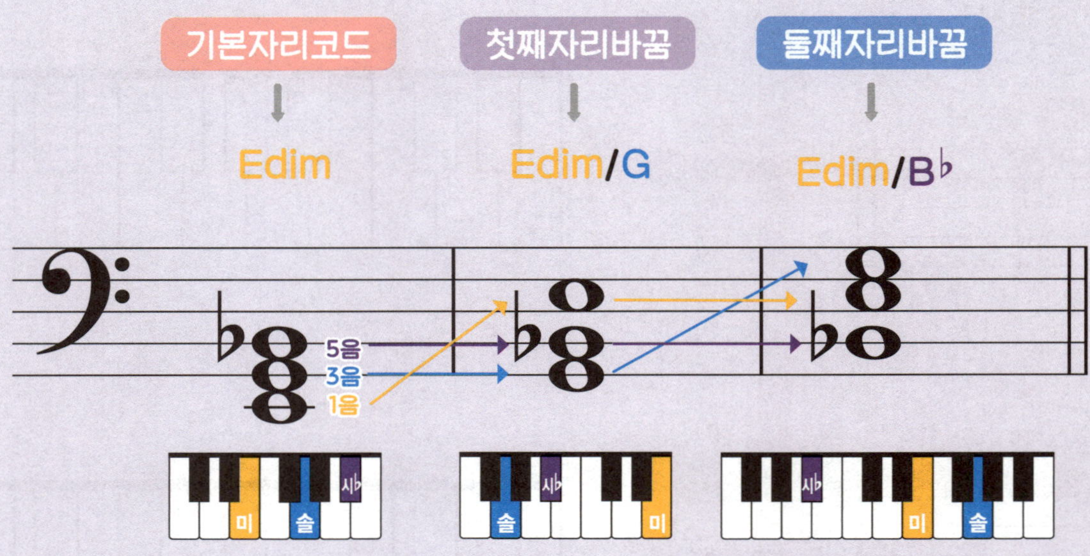


E 디미니쉬 코드의 자리바꿈을 따라 그리고 계이름을 쓰세요.

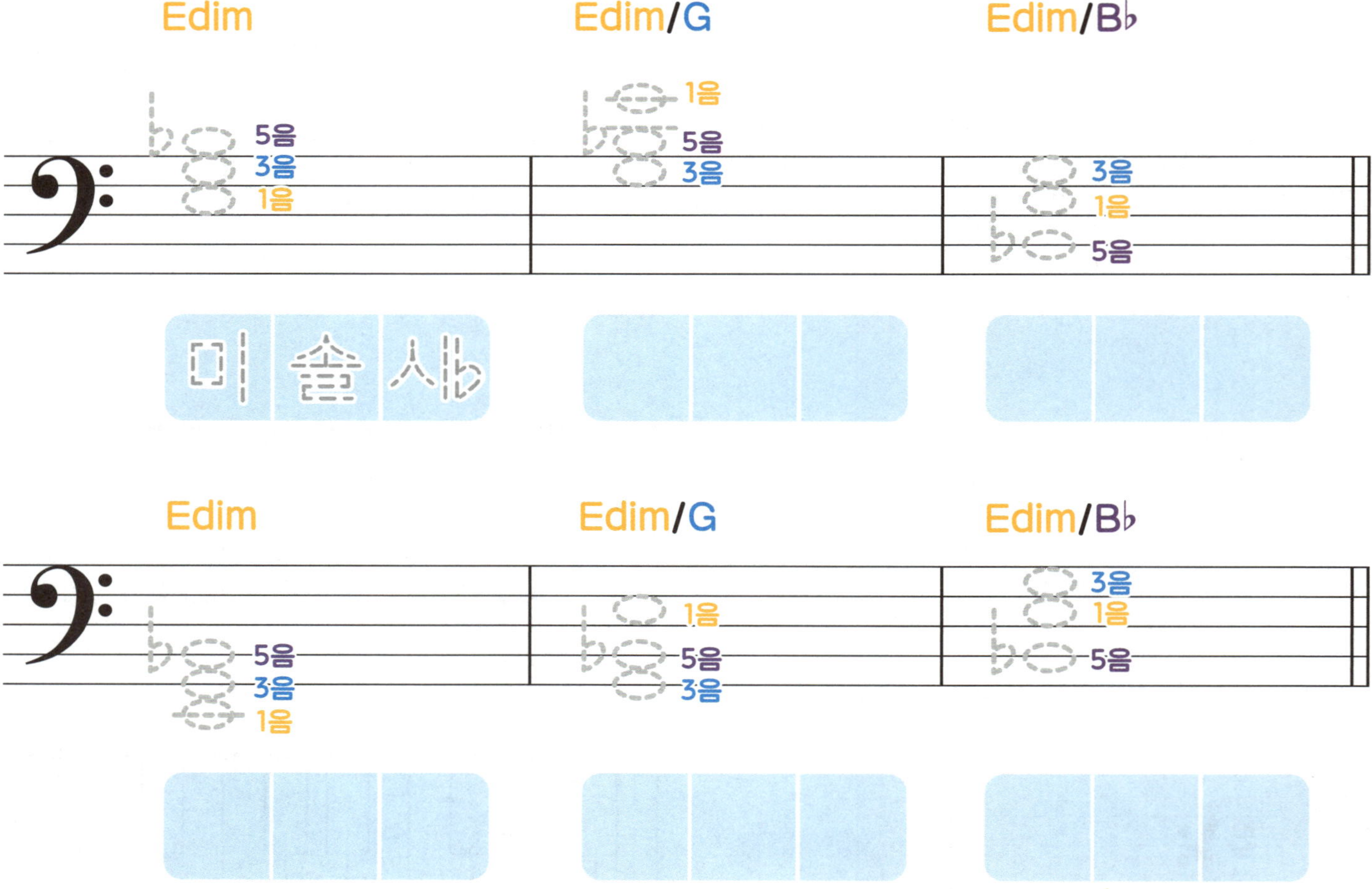

코드와 구성음을 따라 그리고 건반을 색칠하세요.

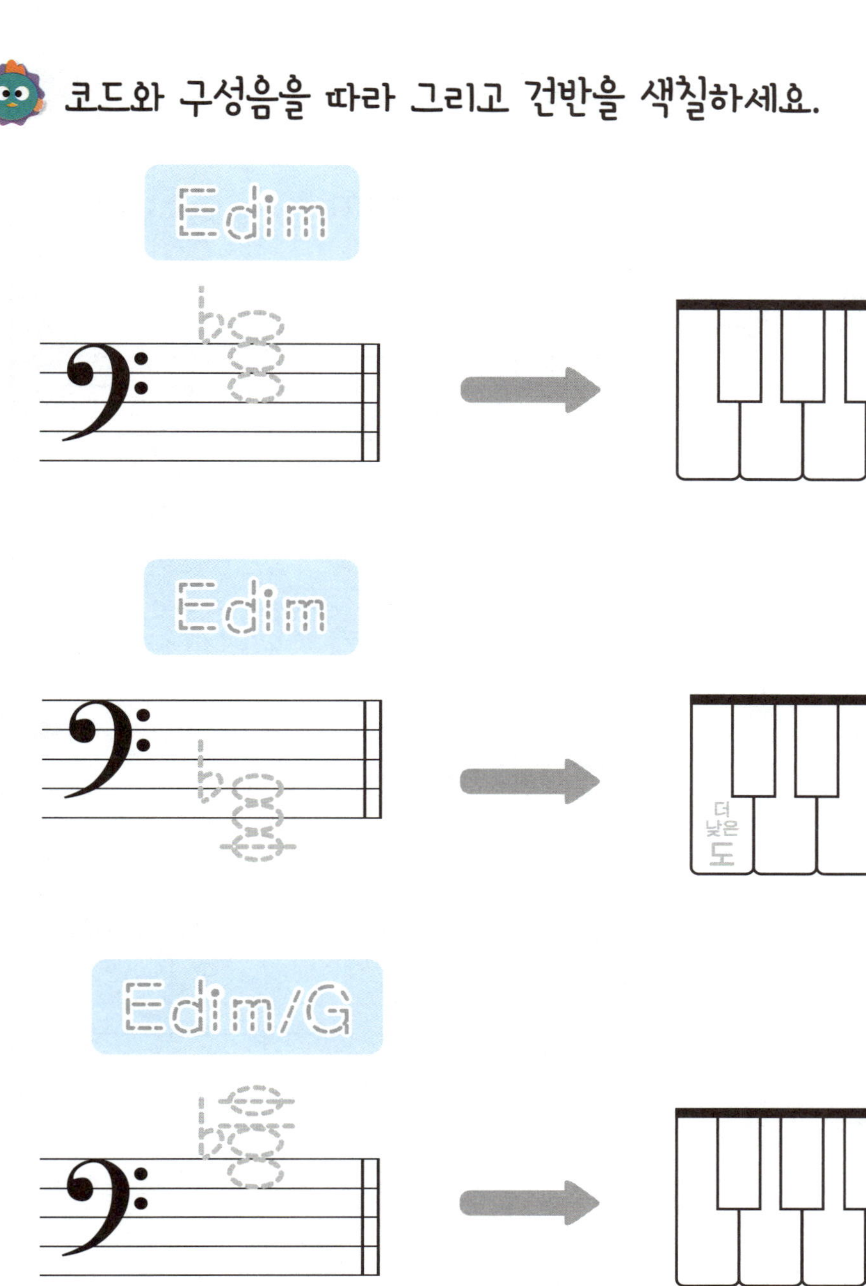

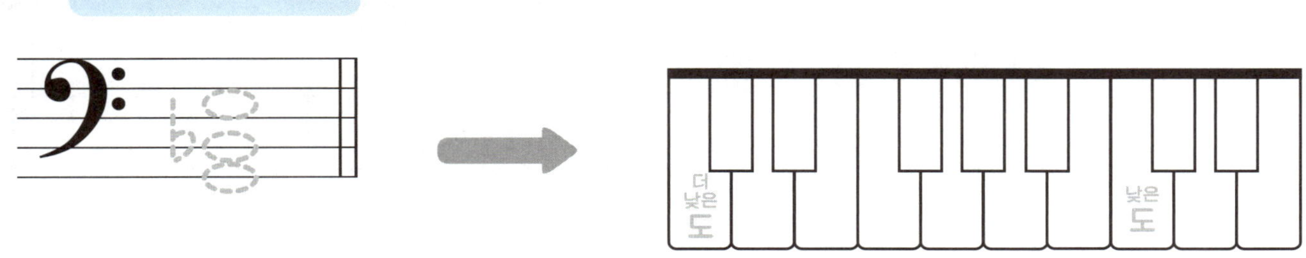


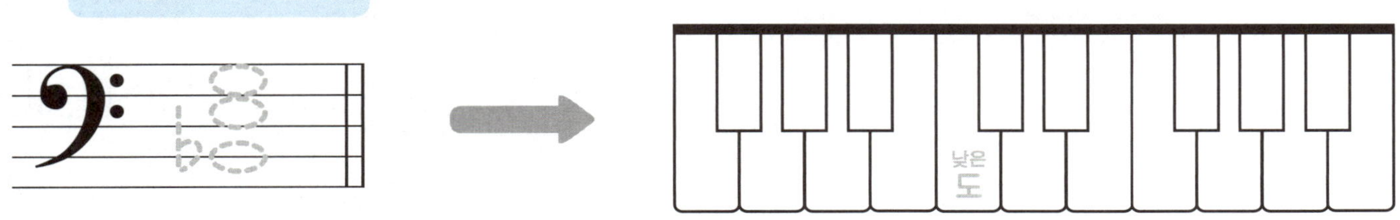

코드 이름을 보고 빠진 구성음을 온음표로 그리세요.

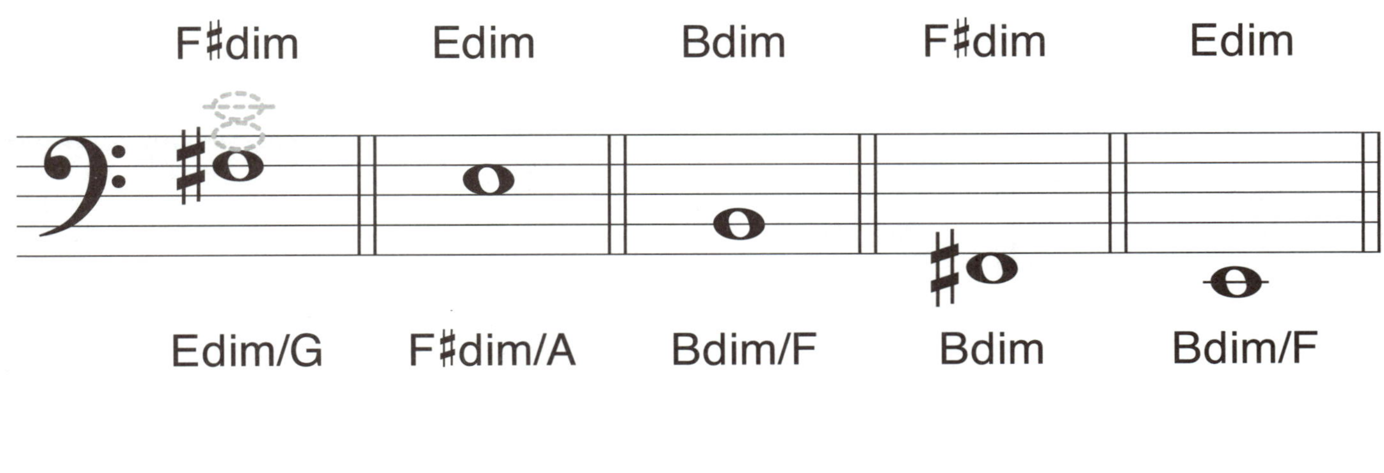
F♯dim
Edim
Bdim
F♯dim
Edim
Edim/G
F♯dim/A
Bdim/F
Bdim
Bdim/F

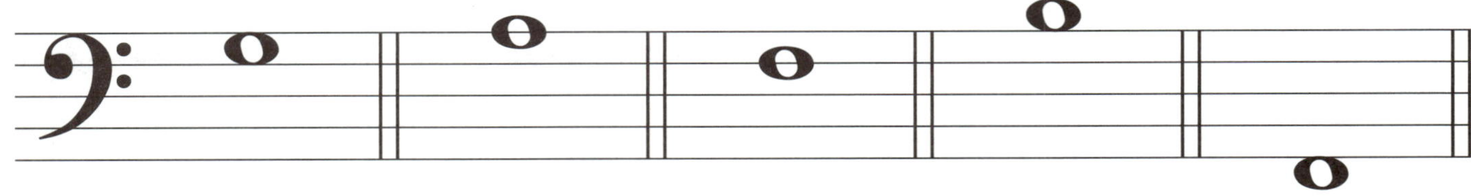
F♯dim/C
Edim/G
F♯dim/A
Edim/B♭
Bdim/F

코드 이름을 보고 건반을 색칠하세요.

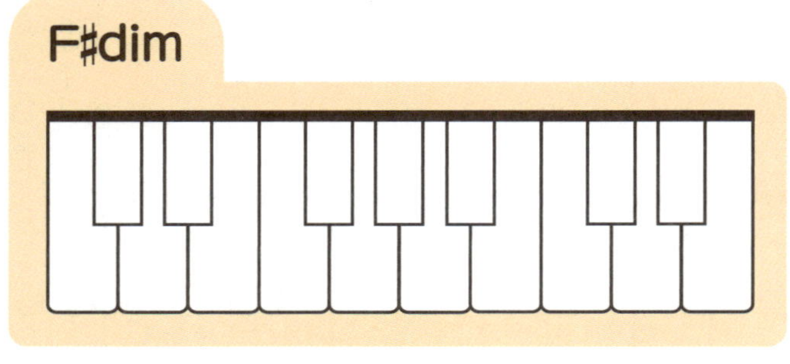
F♯dim

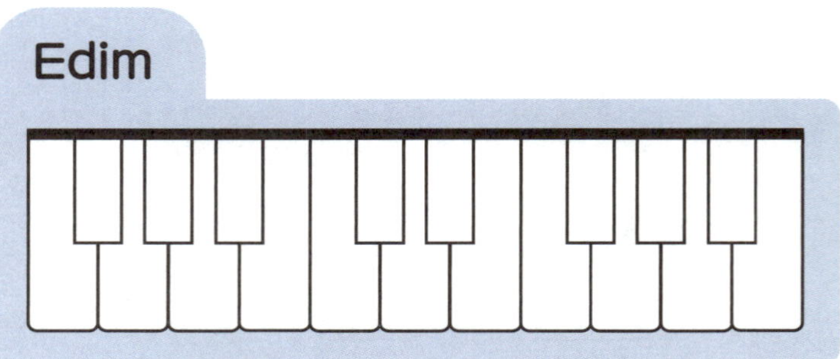
Edim

Edim/G

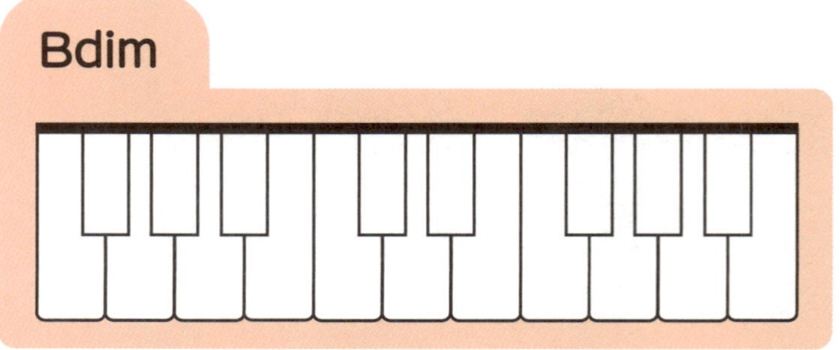
Bdim

 코드 이름을 보고 빠진 구성음을 온음표로 그리세요.

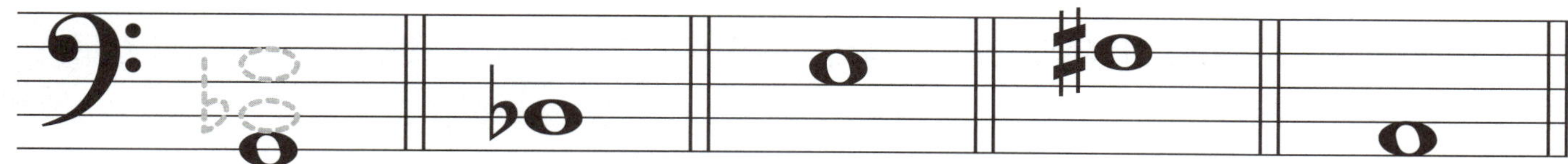


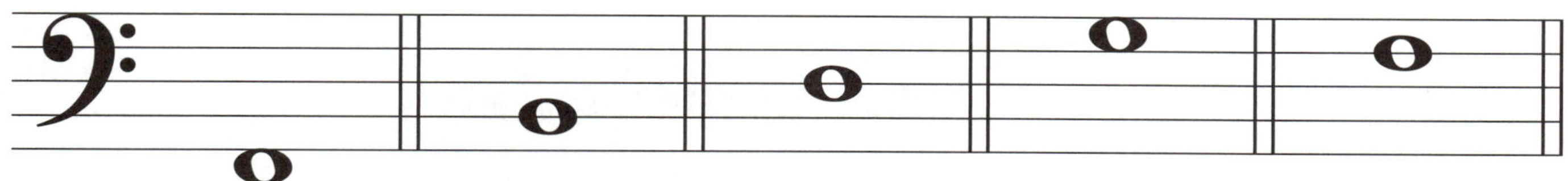


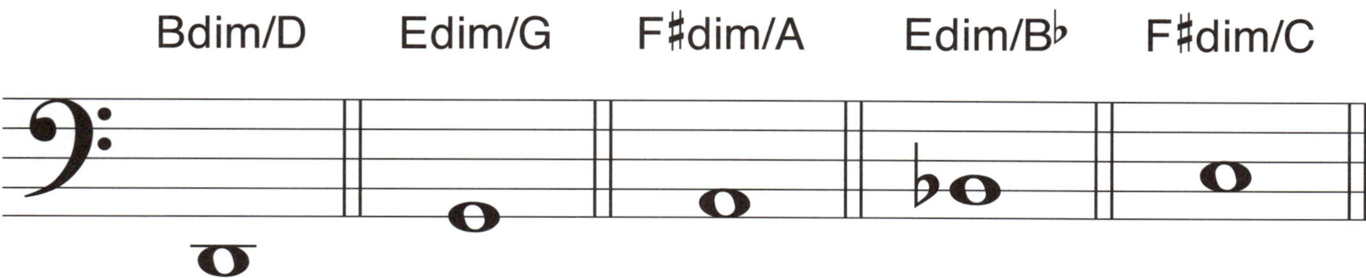


코드 이름을 보고 건반을 색칠하세요.

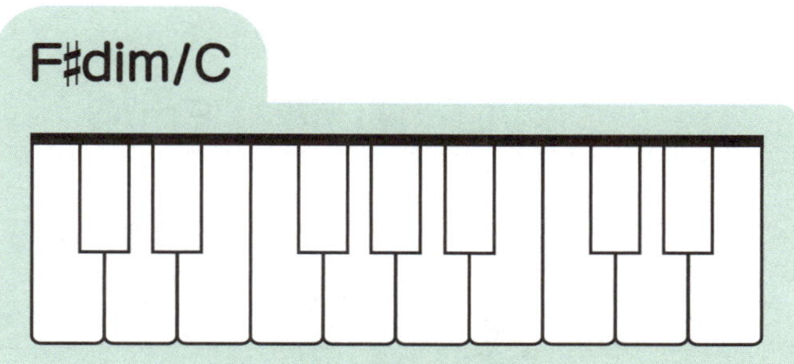


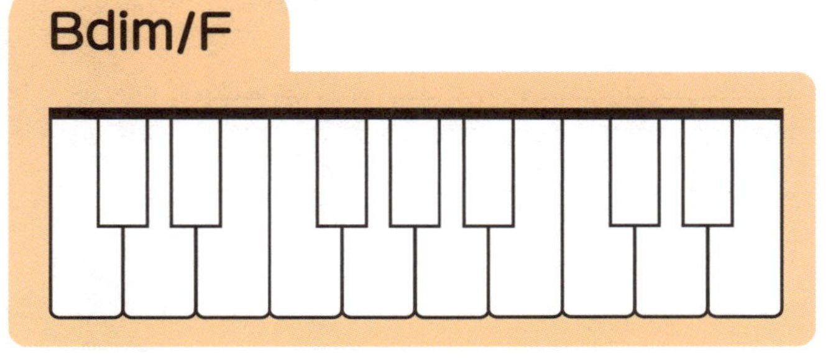


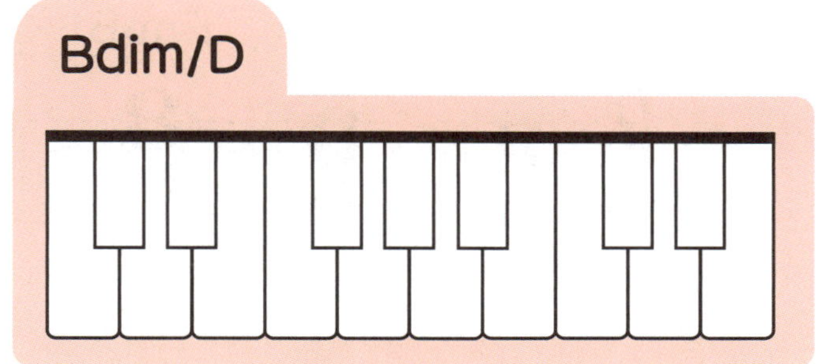

# 3화음의 기본자리와 자리바꿈 코드 🎼

앞에서 배웠던 다장조, 사장조, 바장조 음계에서의 3화음 기본자리와 자리바꿈 코드를 다시 한 번
정리해 보겠습니다. 3화음의 다양한 자리에 익숙해 지도록 악보로 먼저 보고 건반에서도 자리를 살펴
보며 코드를 익혀보세요.

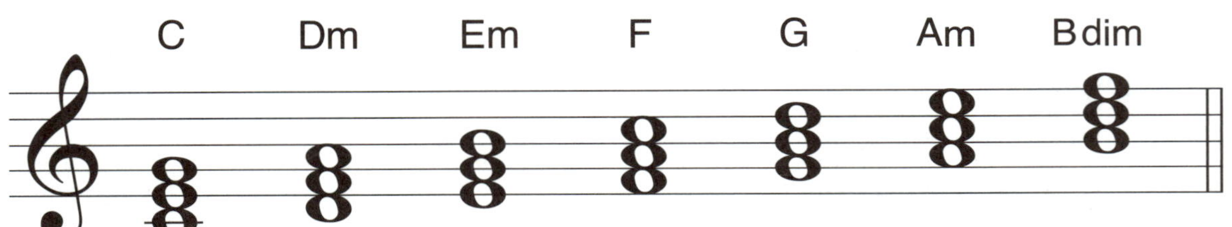

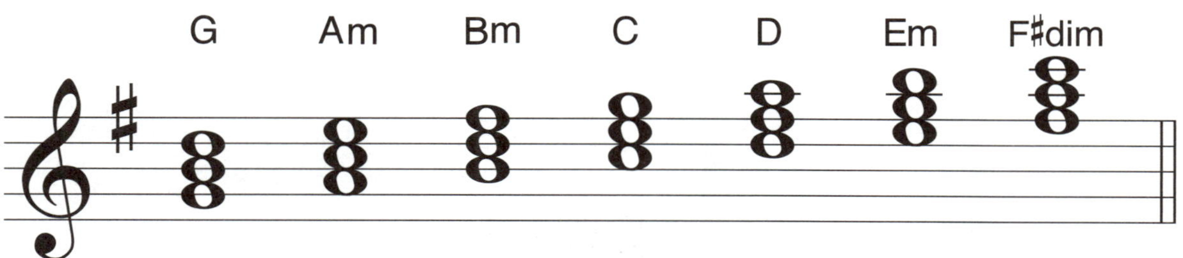

G     Am     Bm     C     D     Em     F#dim


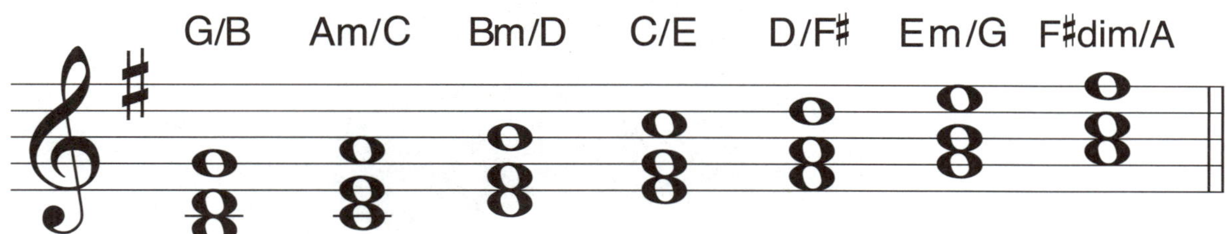

G/B     Am/C     Bm/D     C/E     D/F#     Em/G     F#dim/A


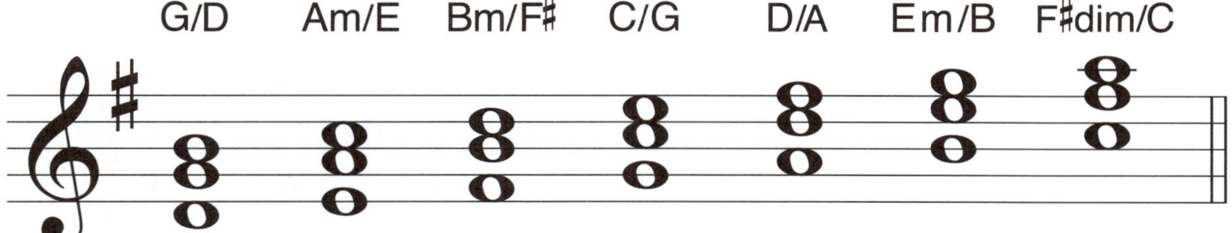

G/D     Am/E     Bm/F#     C/G     D/A     Em/B     F#dim/C


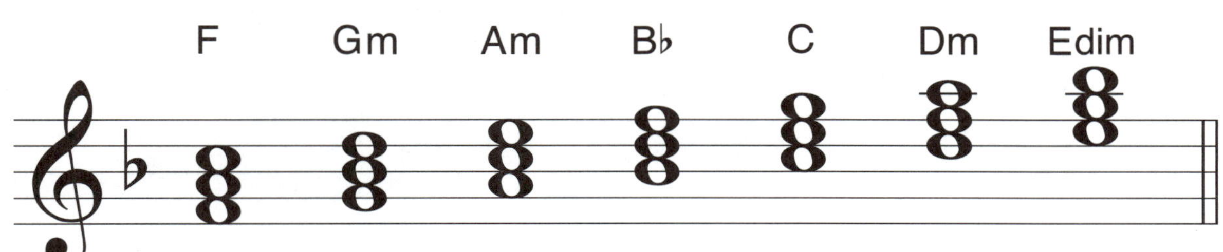

F     Gm     Am     B♭     C     Dm     Edim


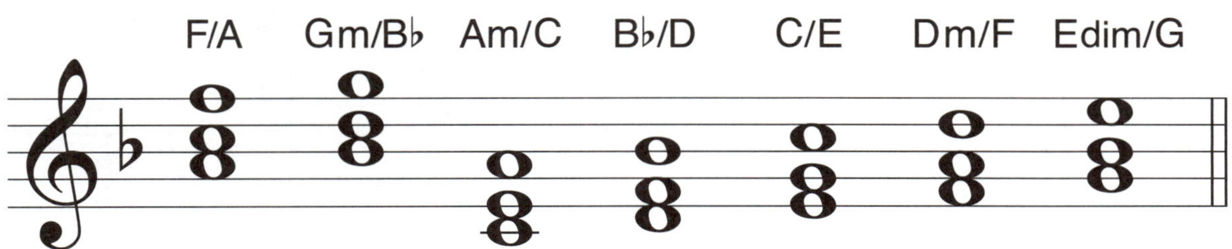

F/A     Gm/B♭     Am/C     B♭/D     C/E     Dm/F     Edim/G



F/C     Gm/D     Am/E     B♭/F     C/G     Dm/A     Edim/B♭

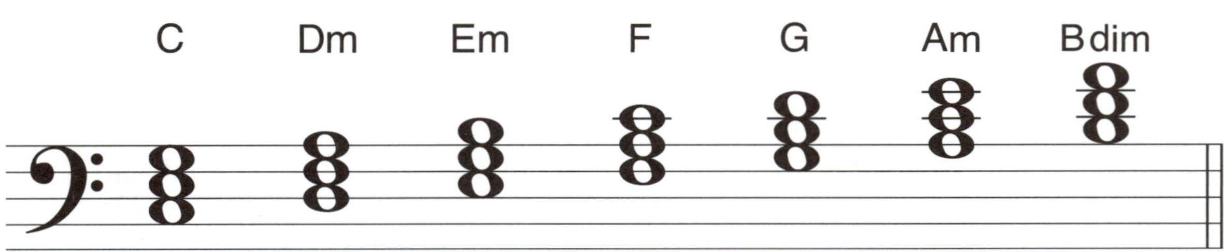

C    Dm    Em    F    G    Am    Bdim

C/E    Dm/F    Em/G    F/A    G/B    Am/C    Bdim/D

C/G    Dm/A    Em/B    F/C    G/D    Am/E    Bdim/F

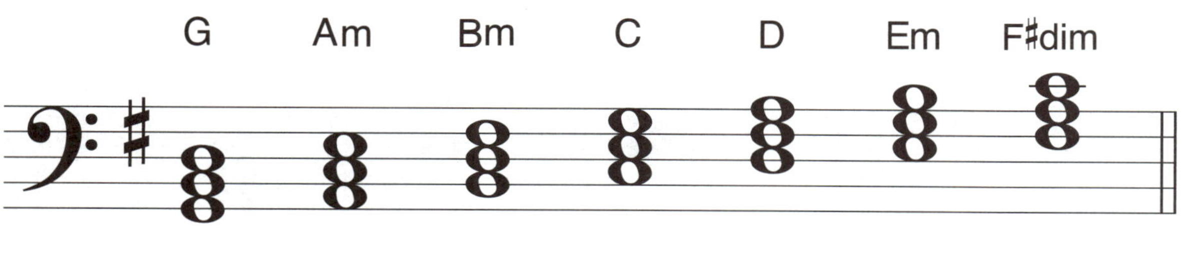

G    Am    Bm    C    D    Em    F#dim


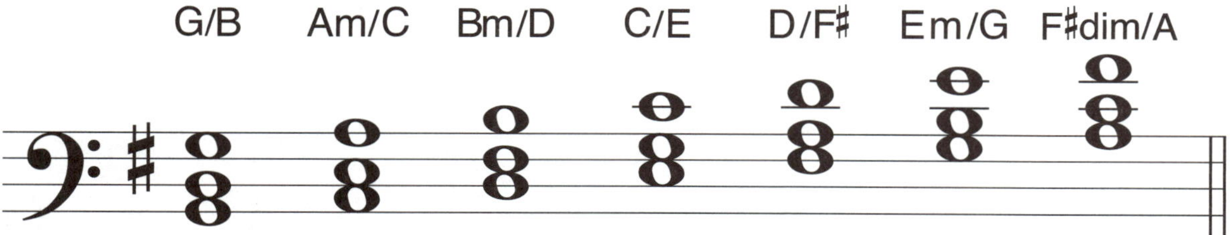

G/B    Am/C    Bm/D    C/E    D/F#    Em/G    F#dim/A


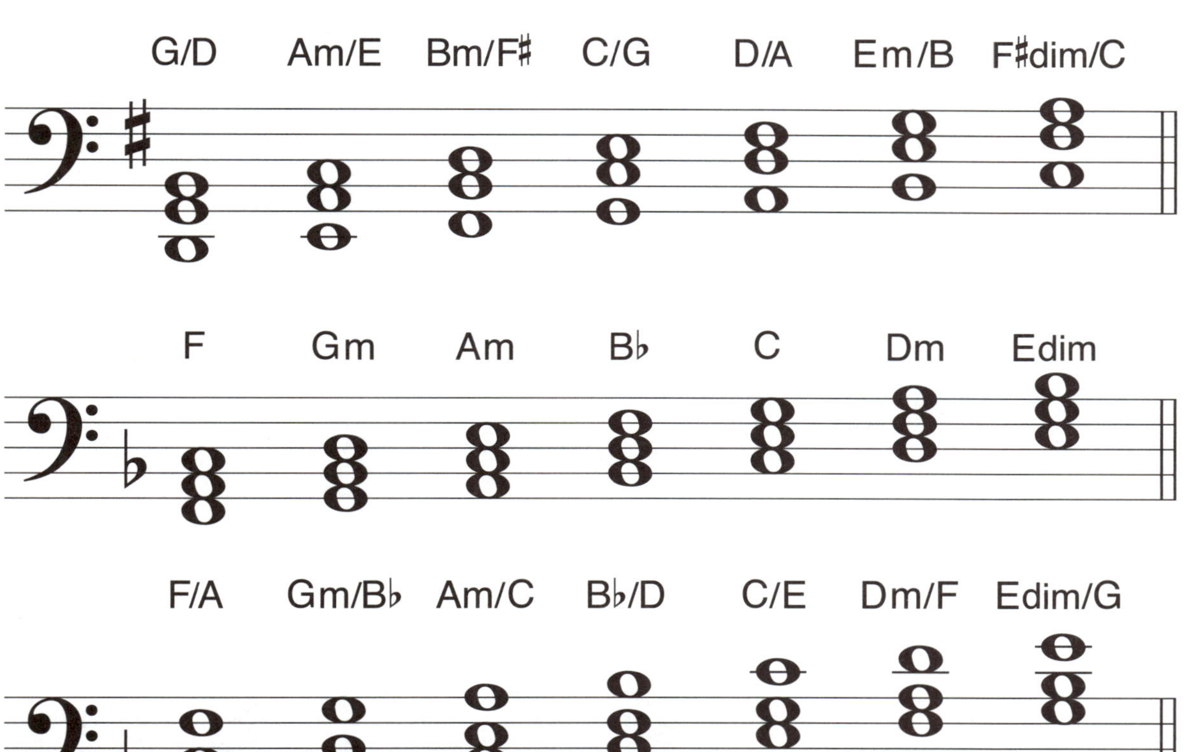

G/D    Am/E    Bm/F#    C/G    D/A    Em/B    F#dim/C
F    Gm    Am    B♭    C    Dm    Edim
F/A    Gm/B♭    Am/C    B♭/D    C/E    Dm/F    Edim/G


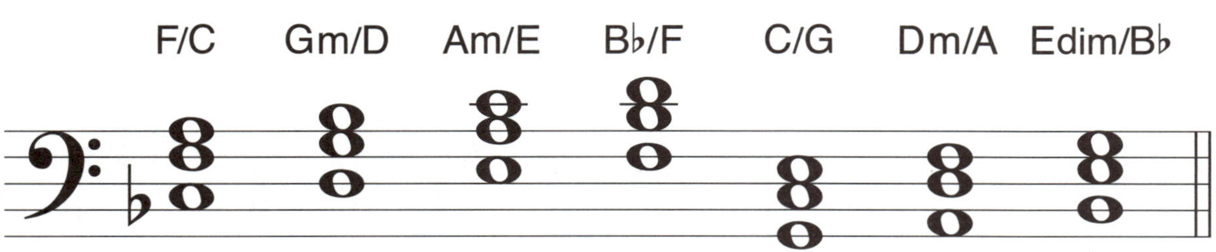

F/C    Gm/D    Am/E    B♭/F    C/G    Dm/A    Edim/B♭

코드 이름을 쓰세요.

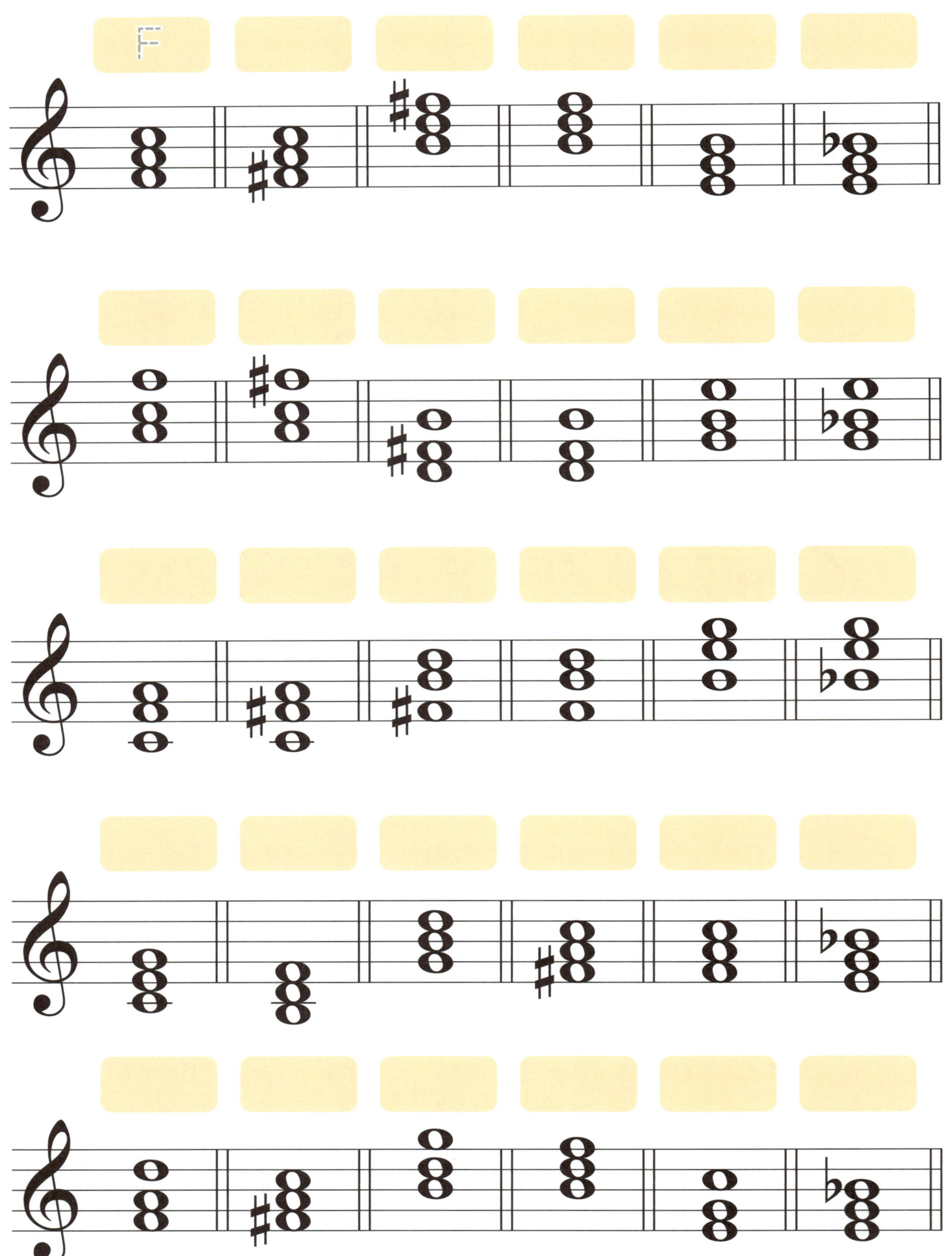
F

코드 이름에 맞게 임시표를 그리세요(임시표가 필요 없는 경우에는 그리지 않아요).

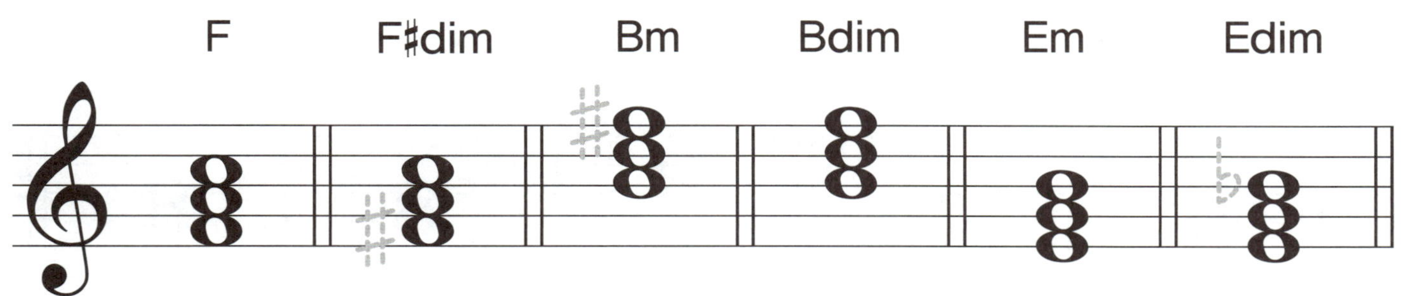
F    F#dim    Bm    Bdim    Em    Edim

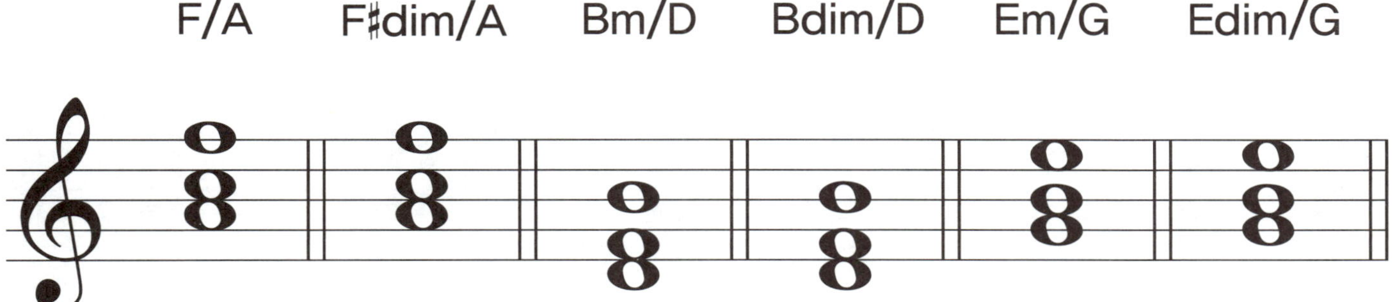
F/A    F#dim/A    Bm/D    Bdim/D    Em/G    Edim/G

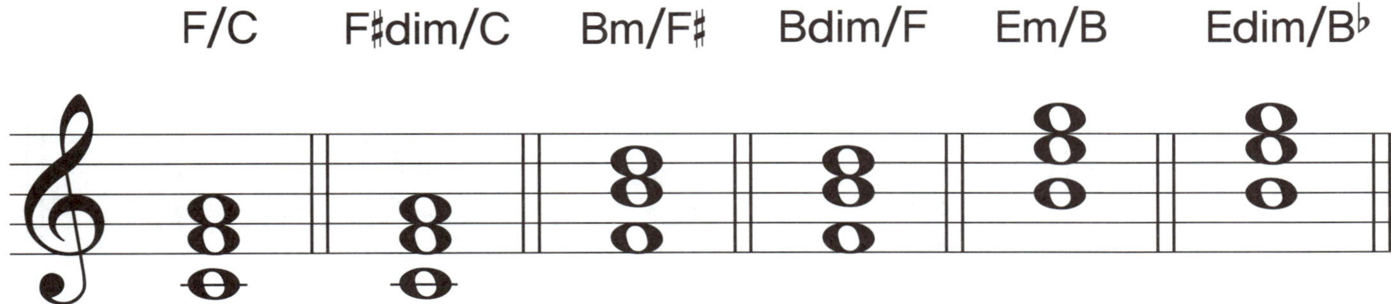
F/C    F#dim/C    Bm/F#    Bdim/F    Em/B    Edim/B♭

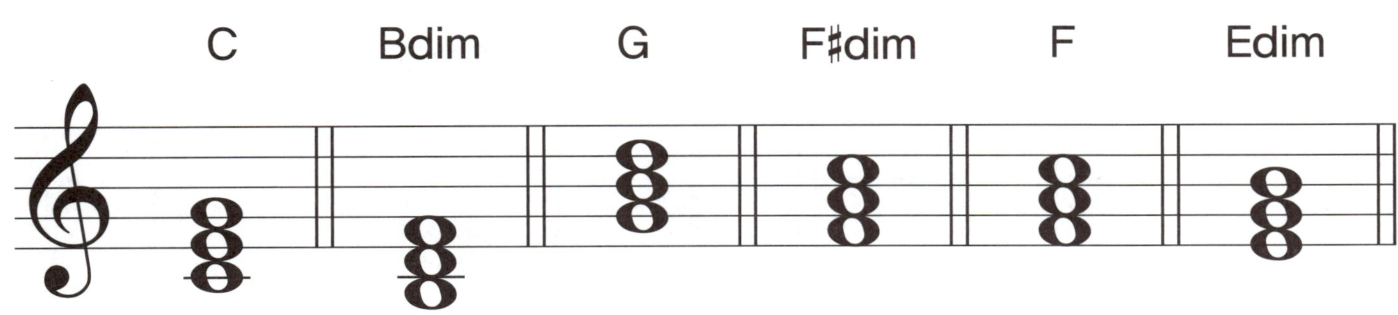
C    Bdim    G    F#dim    F    Edim
D/F#    F#dim    Gm/B♭    Bdim    C/E    Edim

코드 이름에 맞게 임시표를 그리세요(임시표가 필요 없는 경우에는 그리지 않아요).

 코드 이름에 맞게 임시표를 그리세요(임시표가 필요 없는 경우에는 그리지 않아요).

코드 이름을 쓰세요.

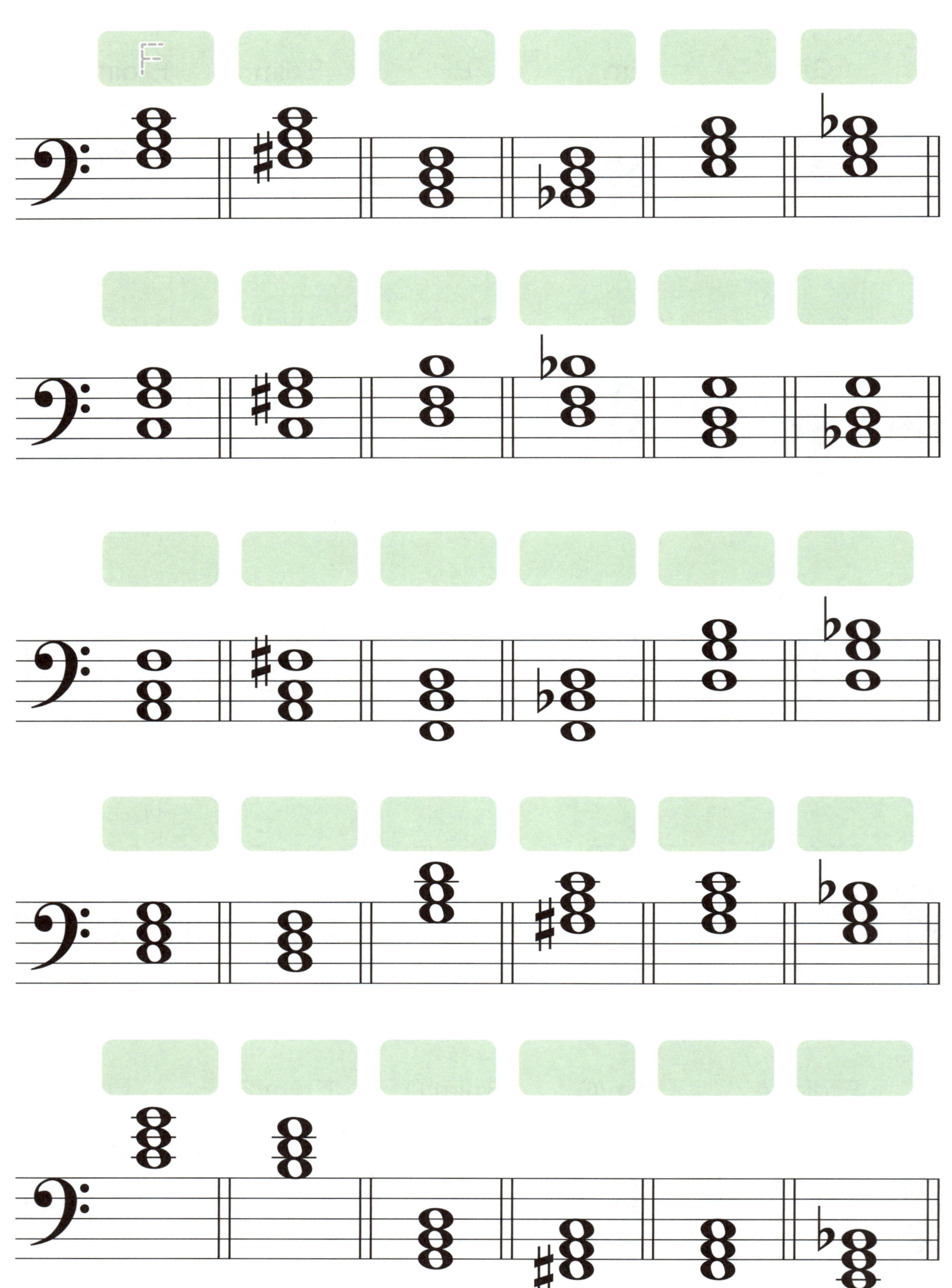
F

코드 이름에 맞게 임시표를 그리세요(임시표가 필요 없는 경우에는 그리지 않아요).

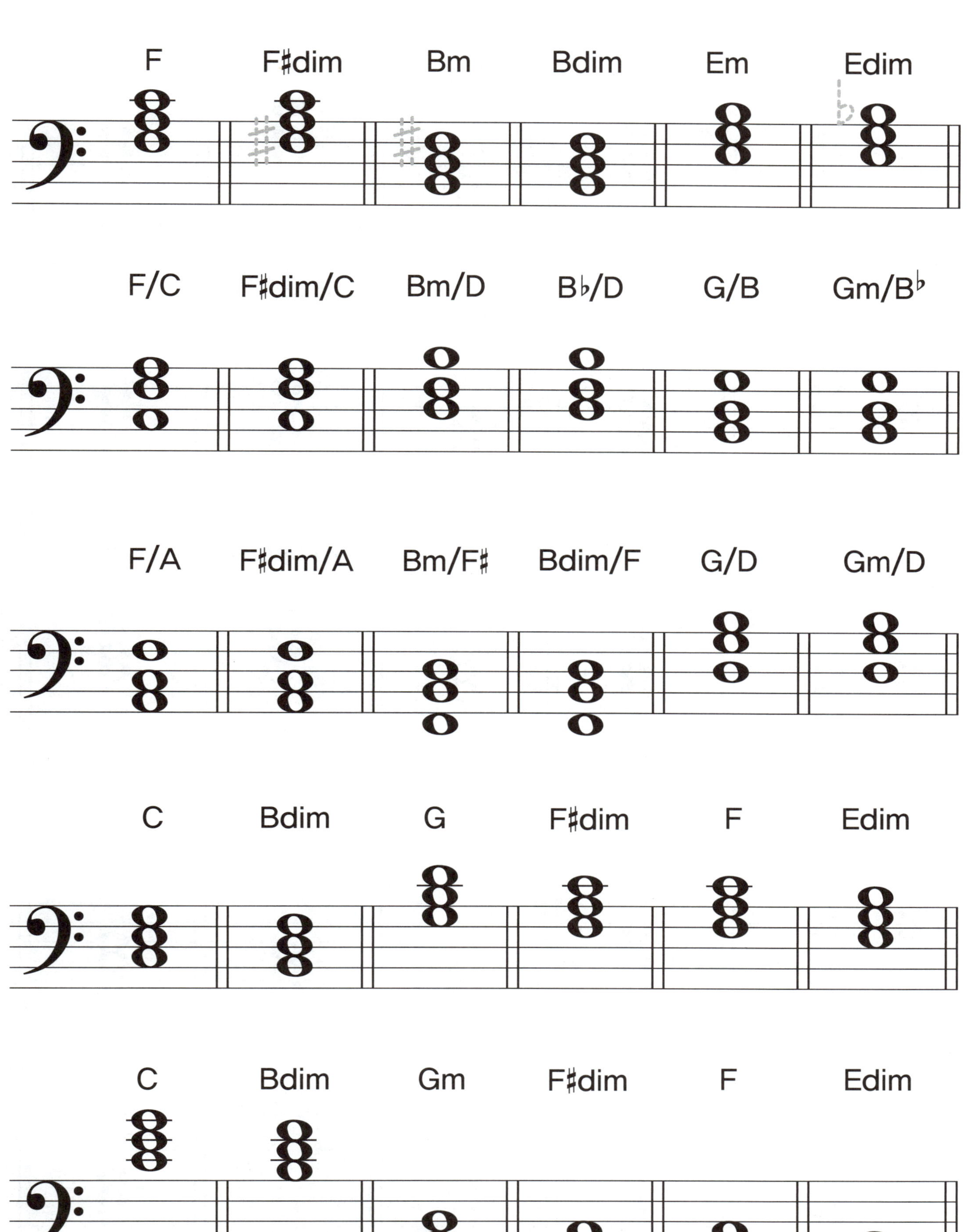
F    F#dim    Bm    Bdim    Em    Edim
F/C    F#dim/C    Bm/D    B♭/D    G/B    Gm/B♭
F/A    F#dim/A    Bm/F#    Bdim/F    G/D    Gm/D
C    Bdim    G    F#dim    F    Edim
C    Bdim    Gm    F#dim    F    Edim

Edim  C/E  Bdim/F  Edim/G  Em

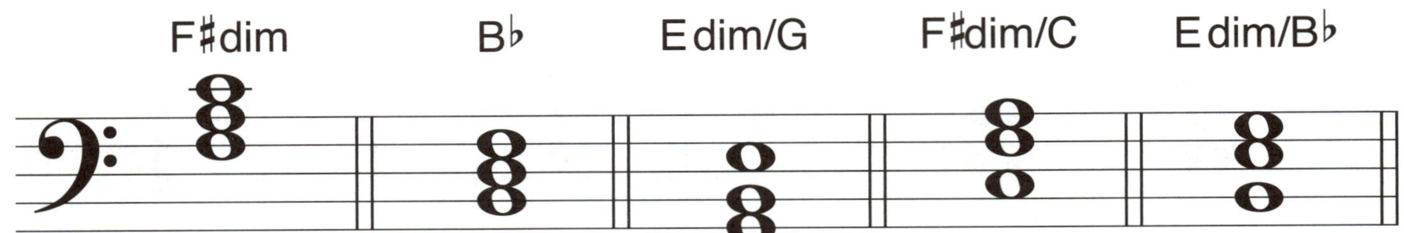


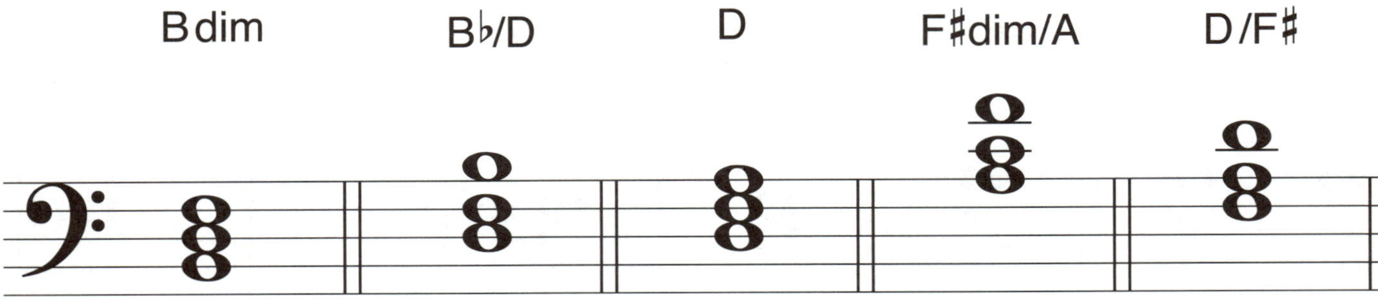


Edim/B♭  Em/G  D/F#  F#dim  Gm

F#dim/A  B♭/F  D/A  Bdim/D  Am

코드 이름에 맞게 임시표를 그리세요(임시표가 필요 없는 경우에는 그리지 않아요).

Gm
Em
B♭
Edim
F♯dim/C
Gm/D
Edim/G
Bm/D
D/F♯
B♭/D
Gm/B♭
Em/B
B♭/F
F♯dim
B♭
F♯dim/C
Edim/B♭
Bdim/F
D/F♯
B♭/F
F♯dim/A
Edim/G
Bdim/D
Edim/G
Em

코드 이름을 쓰세요.

## 밀과 보리   작자 미상

 코드 이름을 보고 4분의 3박자 펼침화음(4분음표) 반주로 그리세요.

## 옹달샘 외국곡

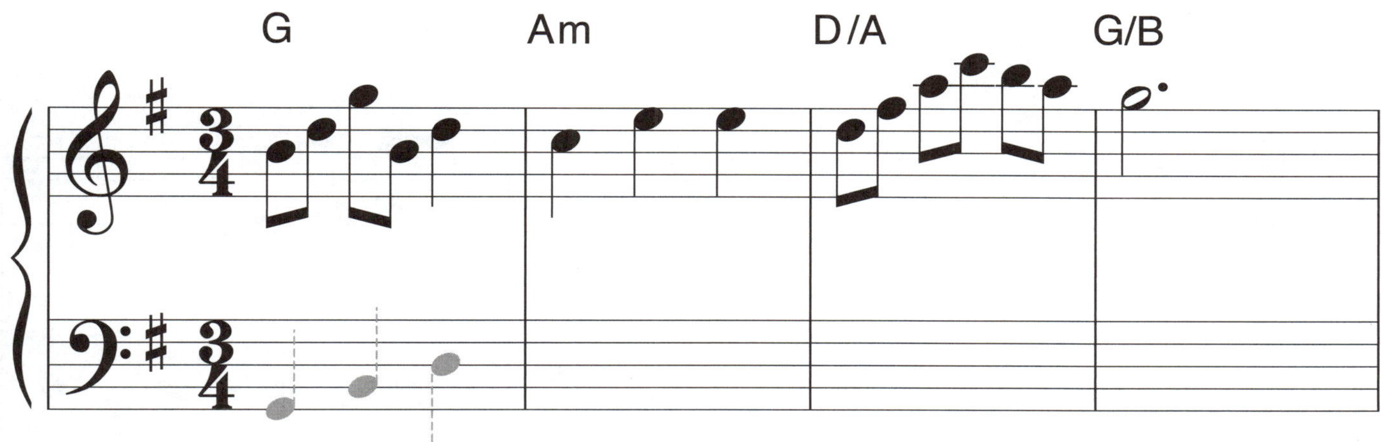

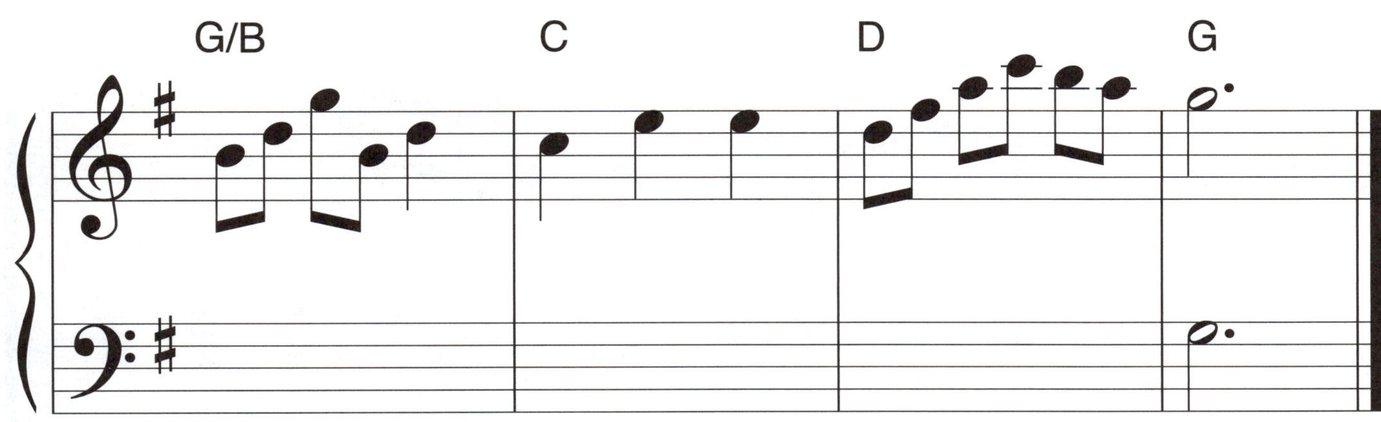

 코드 이름을 쓰세요.

## 파파게노의 소원 모차르트 작곡

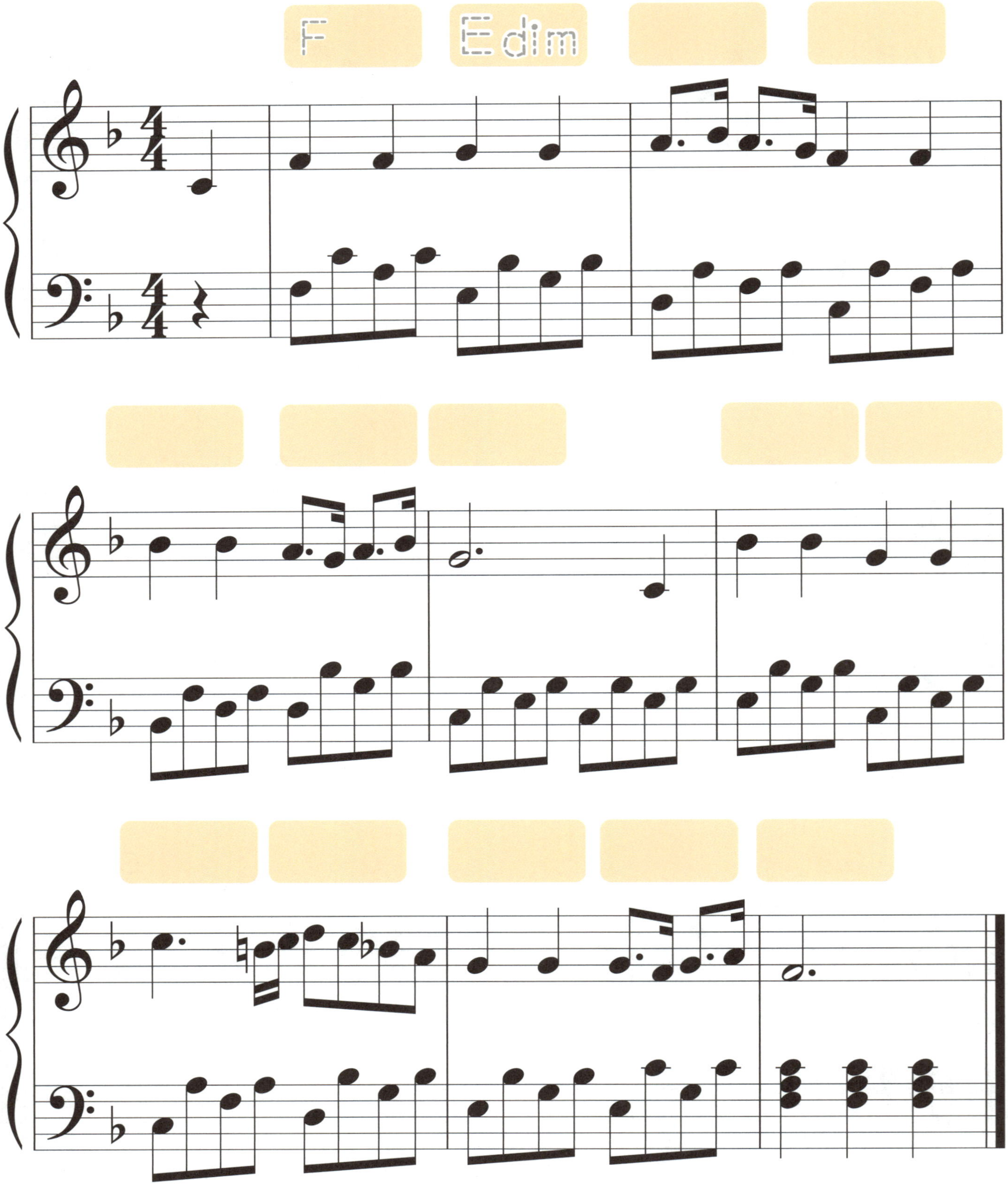

코드 이름을 보고 8비트 펼침화음(8분음표) 반주로 그리세요.

### 작별  스코틀랜드 민요

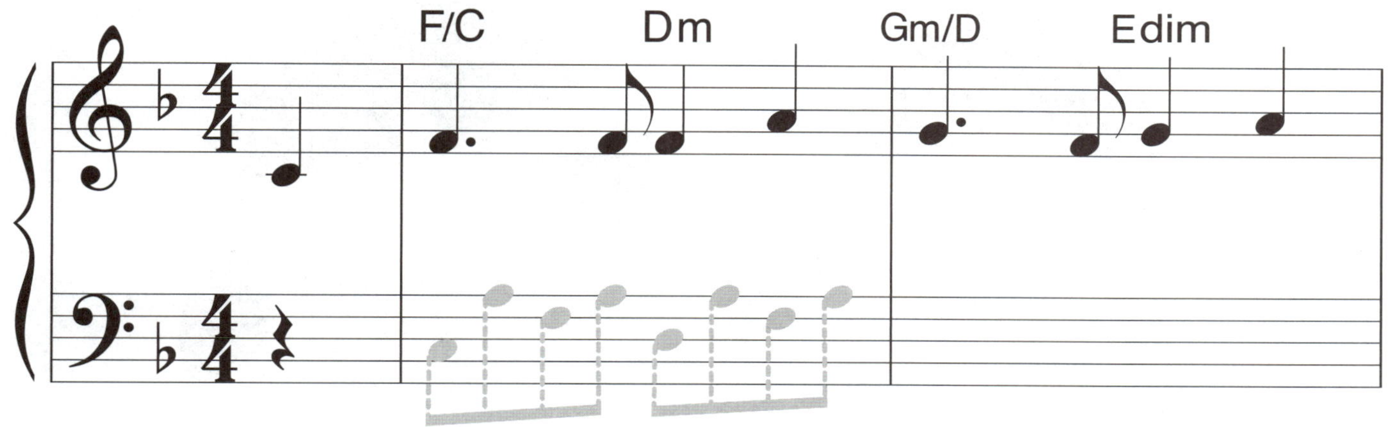


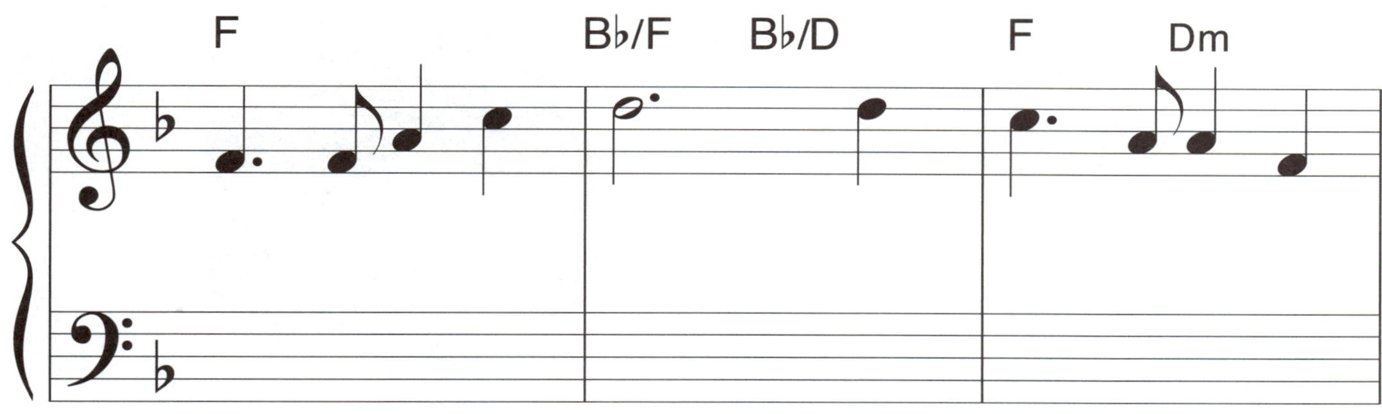


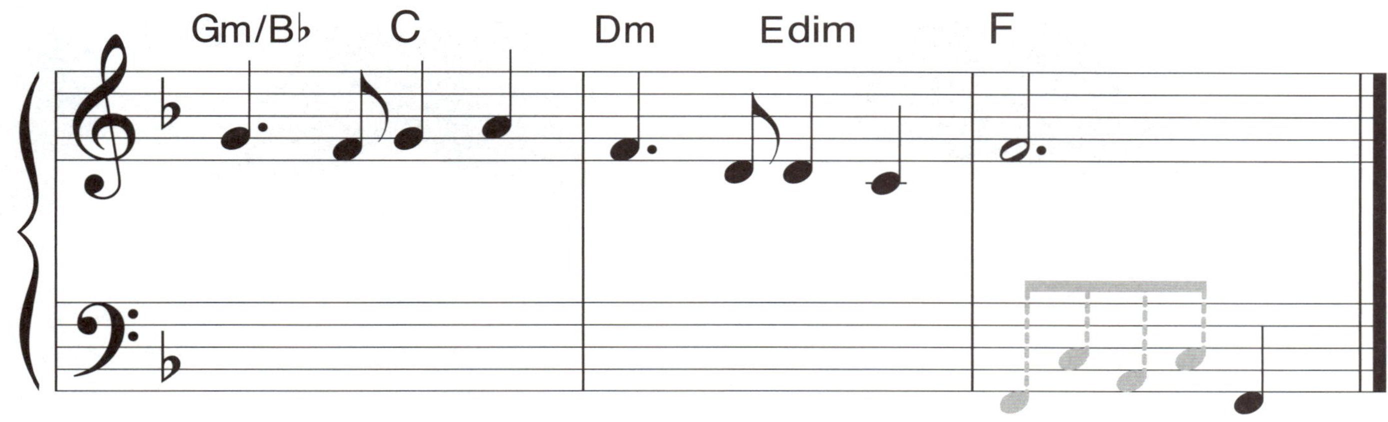

친구들이 말하는 기분에 따라 얼굴 표정을 그리세요.

# 코드 이론 레시피 Easy 1권 정답

## 14~15쪽

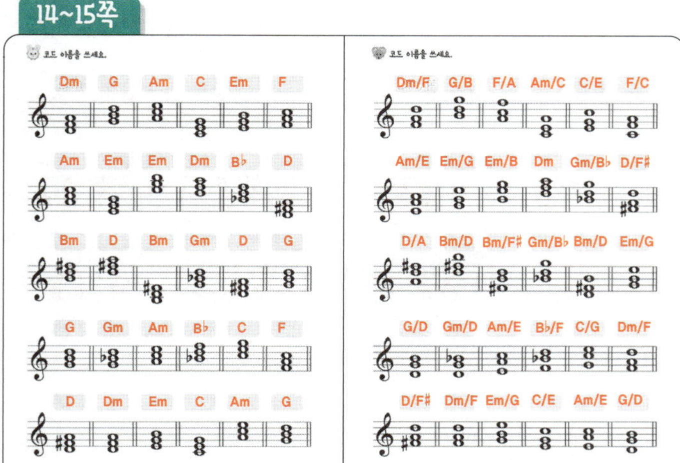


## 16~17쪽

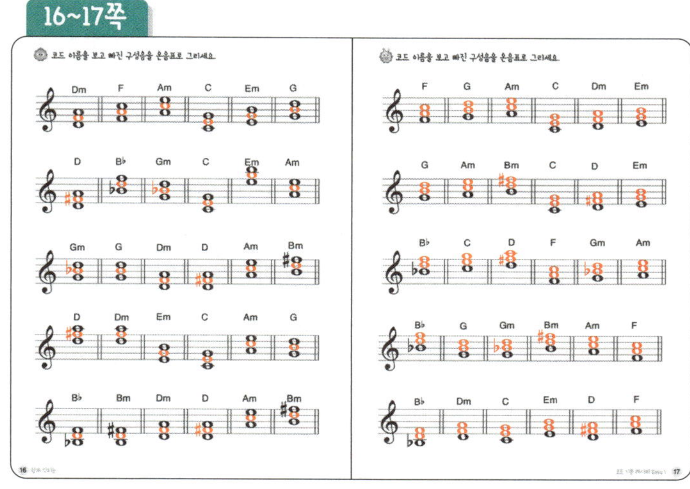


## 18~19쪽

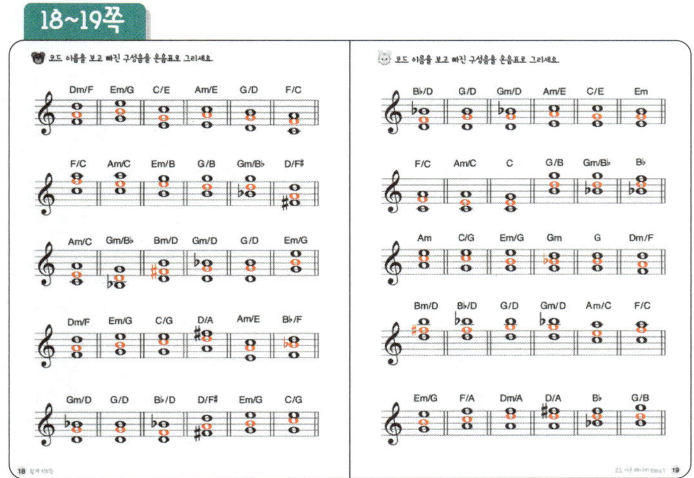


## 20~21쪽

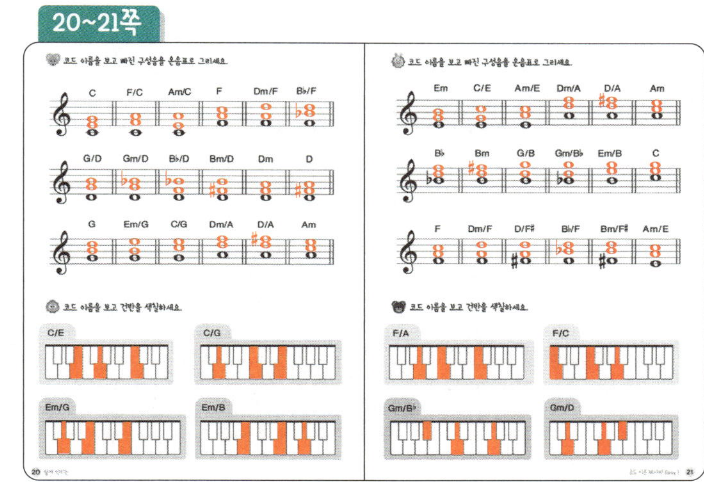


## 22~23쪽

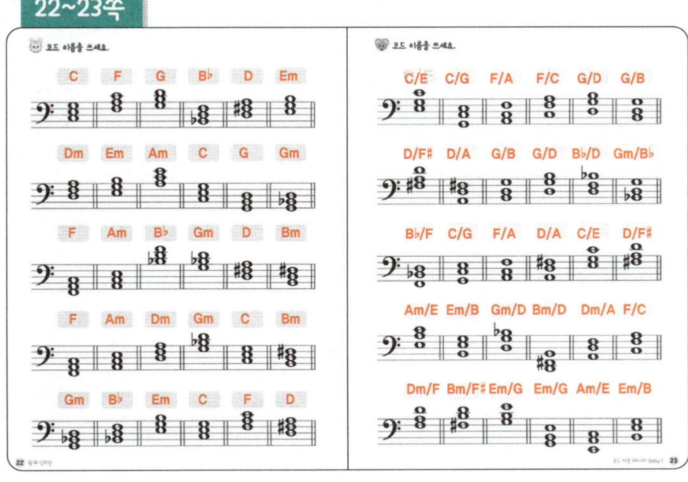


## 24~25쪽

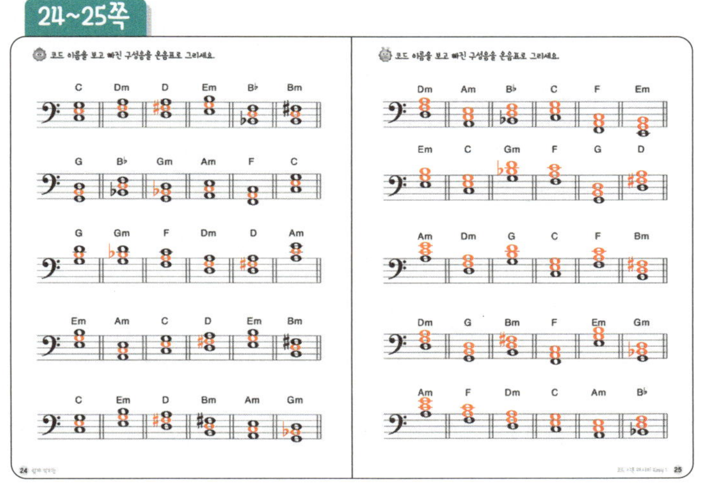

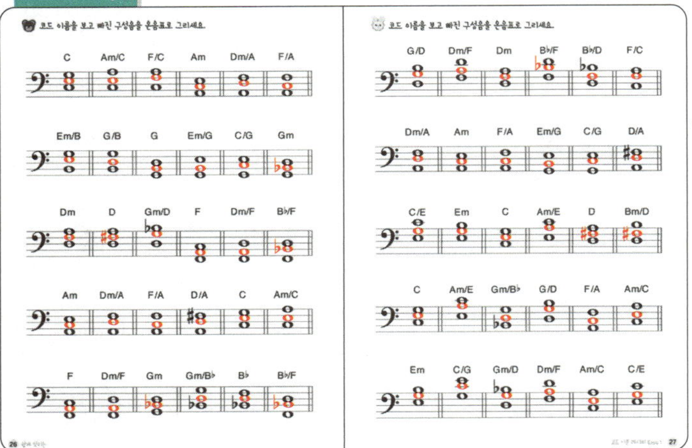



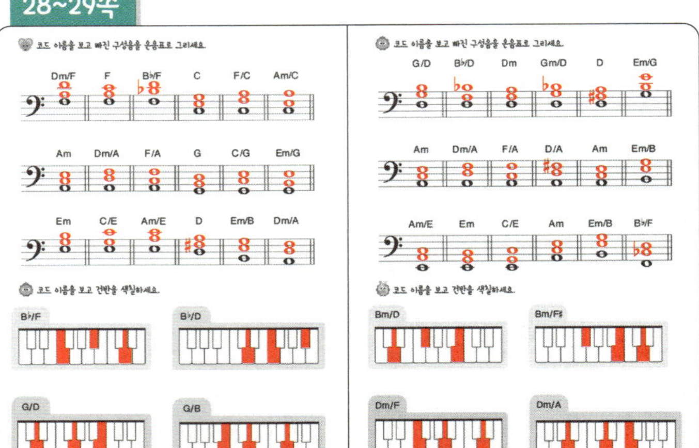

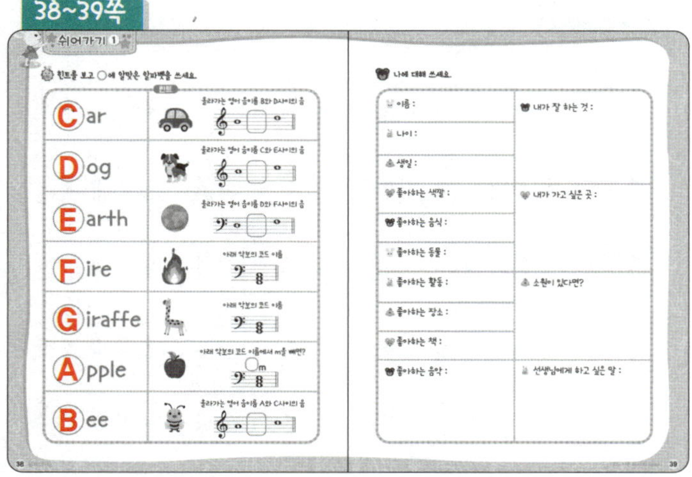

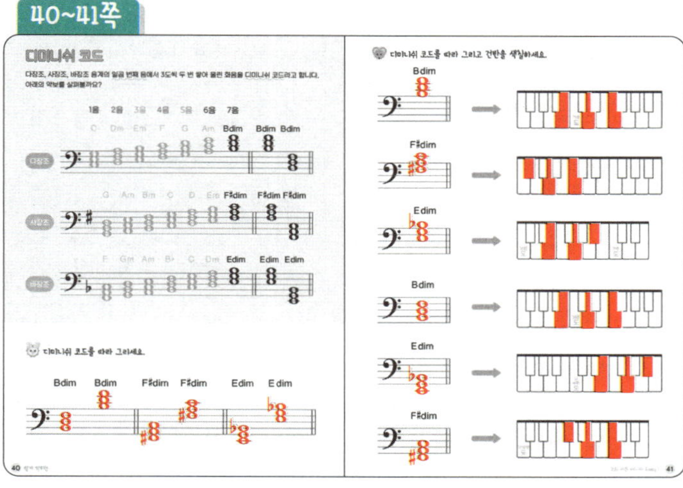

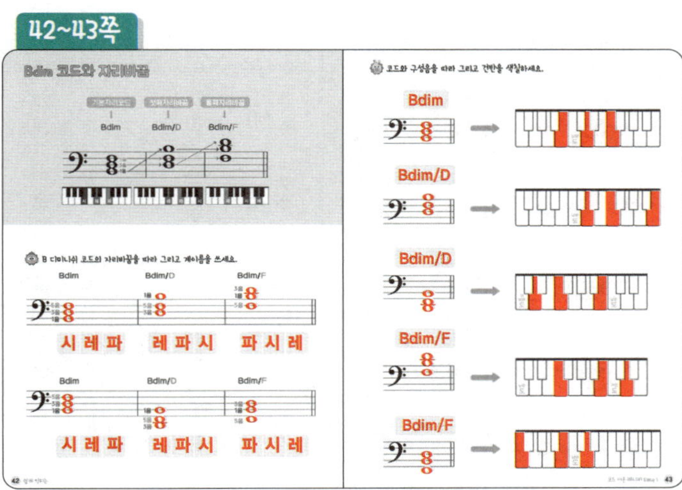

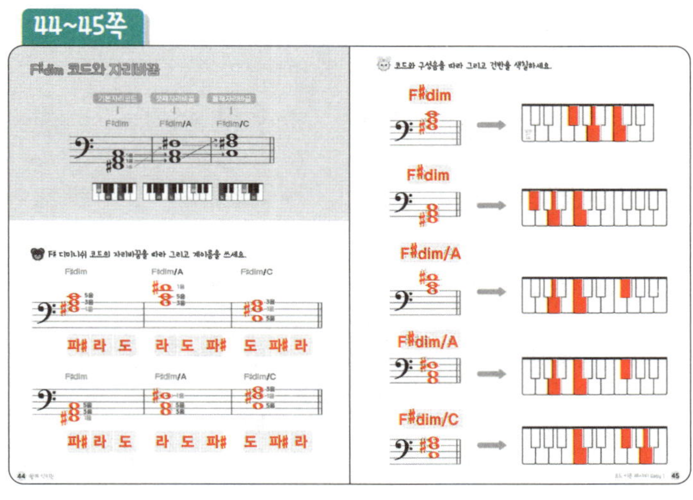

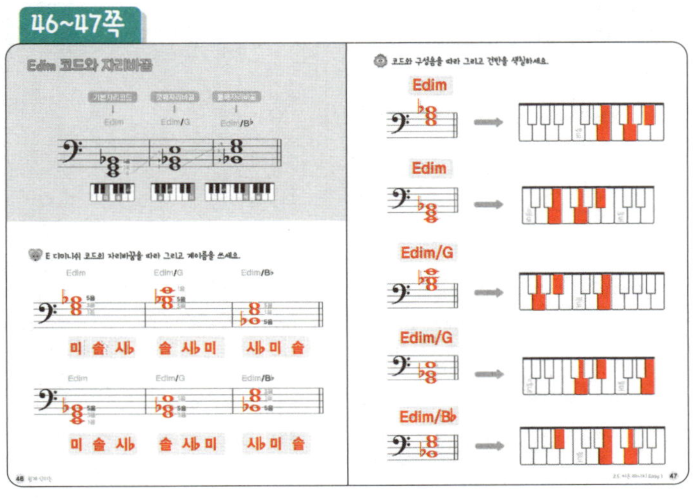

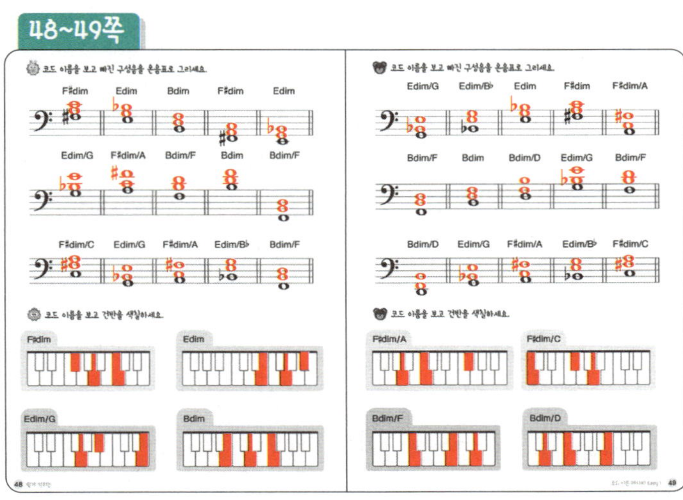

**54~55쪽**

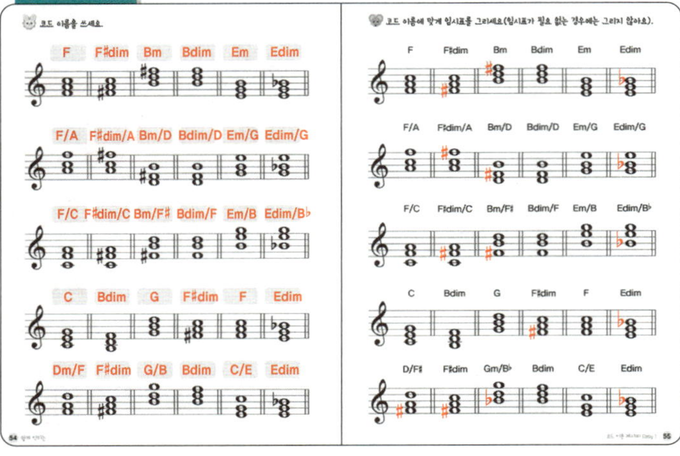

**56~57쪽**

**58~59쪽**

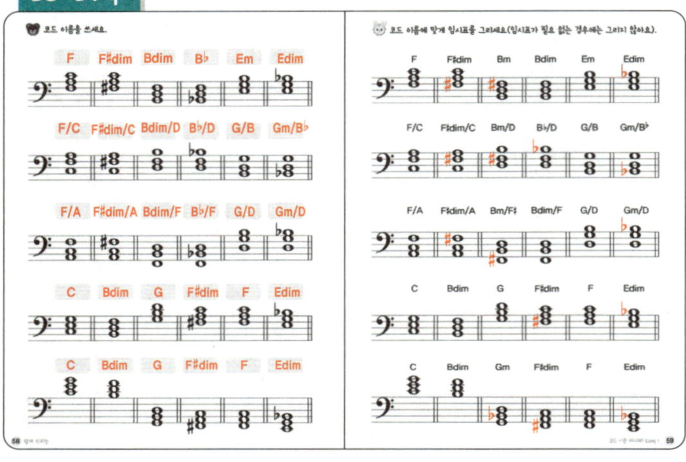

**60~61쪽**

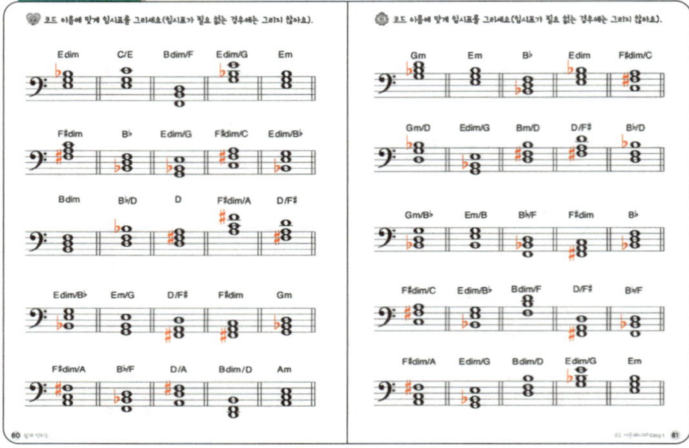

**62~63쪽**

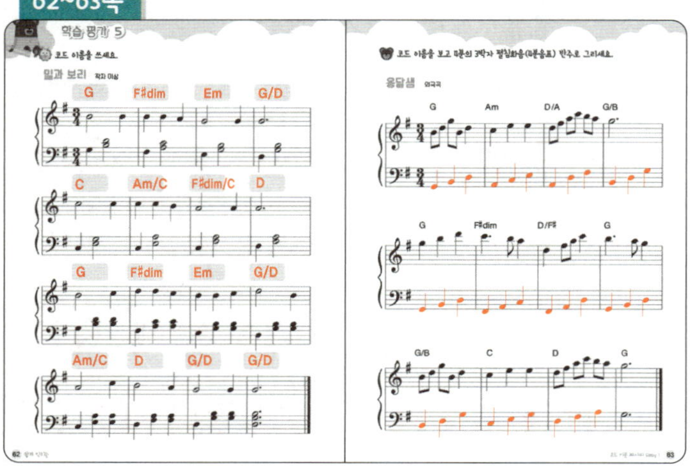

**64~65쪽**

Always Be Together!

# Profile

저자 **최동규** 교수

· 경희대학교 음악대학 졸업 및 동대학원 실용음악석사
· '어떻게 이렇게', '기억하겠죠', '꿈 그리기', 'Memories',
  '친구를 만난 고양이', '피아노를 만난 고양이' 음반 발매
· 평창동계올림픽 응원가 'We Go 평창' 콰이어 편곡
· SBS드라마 '돈의 화신' BGM 작,편곡 및 연주
· KBS FM 음악앨범 '이 주의 아티스트' 코너 진행
· MBC 음악 FM 개국30주년 기념 로고송 작,편곡
· ISO 국제예술자격 교육개발위원 및 평가위원
· K-Pop 국제 청소년 페스티벌 심사위원
· CBS 전국 청소년 음악콩쿨 심사위원
· 전국음악교육협의회 급수검정 심사위원
· 충청대학교 실용음악과 교수

**저서**
· 「바이엘 레시피 ①〜④」
· 「체르니 레시피」
· 「젓가락 반주 레시피 ① · ②, 가요편」
· 「반주 레시피(개정판) ①〜④」
· 「NEW 반주 레시피(성인편) ①〜④」
· 「시작하는 사람들을 위한 바이엘 레시피(성인편) ① · ②」

· 「바이엘부터 시작하는 코드 이론 레시피(very easy) ①〜⑦」
· 「쉽게 익히는 코드 이론 레시피(easy) ①〜③」
· 「재즈 소곡 피아노 레시피(개정판) ①〜③」
· 「포핸즈 레시피 ①〜③」
· 「실용 재즈 피아노 레시피 브라운 편/ 퍼플 편」

저자의 SNS를 통해 좀 더 많은 실용음악의 정보를 얻을 수 있습니다.

📷 **Instagram**　www.instagram.com/pianorecipe/　

▶ **YouTube**　www.youtube.com/channel/UCvldqvM4yVaZc7-ayGFp3Zw　

**KakaoTalk** Plus친구　pf.kakao.com/_xibHxgj　　→ 카카오톡 검색창에서 "피아노 레시피" 플러스 친구를
검색 후 친구추가를 해보세요!

---


## 쉽게 익히는 코드 이론 레시피 Easy ①　최동규 편저

**발행인**　박현수
**발행처**　세광음악출판사 | 서울특별시 용산구 만리재로 178
　　　　　Tel. 02)714-0048(내용 문의)　Fax. 02)719-2656
　　　　　http://www.sekwangmall.co.kr
**공급처**　(주)세광아트 Tel. 02)719-2651　Fax. 02)719-2191

│**총괄**│　강성호
│**디자인**│　디자인팀
│**제작**│　김상준
│**마케팅**│　강성호, 윤미희

**등록번호**　제 3-108호(1953. 2. 12)　**인쇄일**　2024. 2
**ISBN**　978-89-03-11068-2　93670

ⓒ 2024 최동규